Knödelschorsch

seine sechsten

Leckerchen

Autor:

- Hans-Georg Karl
- Baujahr: 1950
- Geburtsort: Wuppertal
- Tischlermeister
- ehemals Leiter eines Bildungszentrums
- Unruheständler
- Hobbykoch
- Hobbypoet
- ehrenamtlicher Mitarbeiter im Cornelia Funke Baumhaus in Dorsten
- Leidenschaftlicher Opa von:
  Leona
  Lara

Umschlagbilder:

Hans-Georg Karl

http://www.knoedelschorsch.de

Bibliografische Information der Deutschen Nationalbibliothek:

Die Deutsche Nationalbibliothek verzeichnet diese Publikation in der Deutschen Nationalbibliografie.

Detaillierte bibliografische Daten sind im Internet über

http://www.dnb.de abrufbar.

Druck: Libri Plureos GmbH, Friedensallee 273, 22763 Hamburg
Verlag: BoD · Books on Demand GmbH, In de Tarpen 42,
22848 Norderstedt, bod@bod.de
ISBN: 978-3-7693-4029-7

Vorwort

Mit einer Handvoll original thailändischer Rezepte startete am 13. November 2000 meine Homepage www.knoedelschorsch.de. Sie wurde in den folgenden Jahren zum Selbstläufer und hat mich ständig unter Druck gesetzt, neue Rezepte auszuprobieren.

Meine „Rezeptmaxime" lautet nämlich: nur was relativ leicht zu kochen/backen ist, was mir gut gelungen ist und noch dazu gut geschmeckt hat, kann sich Chancen ausrechnen, auf meine Homepage zu kommen.

Mittlerweile sind es über 1000 Rezepte geworden und immer noch kommen neue dazu.

Den sechsten Teil dieser Rezepte gibt es nun außer im weltweiten Netz, auch wieder „handfest" in diesem Buch. Wie bei den anderen Leckerchen-Büchern habe ich ganz bewusst auf Bilder von meinen Gerichten verzichtet. Jeder, der schon einmal nach Rezeptbüchern gekocht/gebacken hat, musste hinterher feststellen, dass das Kochergebnis sowieso nie so „schön" aussah wie auf den Rezeptfotos. Außerdem standen mir für Rezeptfotos keine Kunststoffe und ähnliche Produkte zur Verfügung, die alles so wunderschön aussehen lassen.

Allen „Nachkochern" und „Nachkocherinnen" wünsche ich viel Spaß mit den Leckerchen vom Knödelschorsch und natürlich gutes Gelingen und guten Appetit wenn es gelungen ist. Und wie immer, zu Risiken und Nebenwirkungen fragen Sie nicht Ihren Arzt oder Diätberater.

Über einen Besuch auf meiner Homepage würde ich mich natürlich auch sehr freuen.

Januar 2025

Hans-Georg Karl alias Knödelschorsch

Aufgelistete Rezepte

Muffins

Kuchen und Torten

Anmerkung zu den Rezepten

Damit alles gut gelingt, bitte folgendes beachten!

Alle Rezepte (außer Torten/Kuchen) sind für 4 „normale" Esser ausgelegt. Wenn nicht, ist es extra vermerkt.

Sofortgelatine / Fertiggelatine ist Gelatine in Pulverform und wird „trocken" untergerührt. Sie braucht nicht wie Blattgelatine eingeweicht und aufgelöst werden. Die Verarbeitung ist also wesentlich einfacher.

Für alle Traditionalisten:
30 g Sofortgelatine / Fertiggelatine = 6 Blatt Gelatine

Größenordnungen:

Auflaufform ist ca. 30 cm x 22 cm groß
Durchmesser der Springform / Kranzform = 28 cm
Durchmesser der Gugelhupfform = 22 cm
Größe des Backblechs = 43 x 37 cm (außen)
Größe der Kastenform = 30 cm (2,5 l)

Backofen

Backofentemperatur gilt immer als vorgeheizt
Temperatur für „normalen" Backofen (ohne Umluft)

Abkürzungen:

EL = Esslöffel

TL = Teelöffel

TK = Tiefkühlkost

Und für alle Rezepte gilt „Guten Appetit".

Suppen

einmal dick, einmal dünn

Porree – Ziegenkäse – Suppe

Zutaten für 4 – 5 Personen:

500 g Porree
200 g Ziegenkäse
4 Knoblauchzehen
½ Bund Schnittlauch
½ Bund Petersilie
750 ml Gemüsebrühe
4 EL Butter
1 – 2 EL grob gehackte Haselnusskerne
1 Prise Muskatnuss
Salz, Pfeffer

Zubereitung:

- Porree in dünne Ringe schneiden.
- Schnittlauch und Petersilie fein hacken.
- Knoblauch ebenfalls fein hacken.
- Porree ein paar Minuten in der Butter dünsten.
- Brühe, Knoblauch und Kräuter zugeben.
- Etwa 10 – 12 Minuten zugedeckt köcheln.
- Danach die Suppe pürieren.
- Mit Salz, Pfeffer und Muskat abschmecken.
- In einer Pfanne die Nusskerne leicht anrösten.
- Ziegenkäse in kleine Stücke schneiden.
- Suppe mit Nüssen und Käse garniert servieren.

Weiße Bohnensuppe

Zutaten:

1 große Dose weiße Bohnen
600 g Kartoffeln
500 g Hackfleisch
2 rote Paprika
1 Stange Porree
2 Zwiebeln
4 Knoblauchzehen
1 Bund Petersilie
1,5 l Gemüsebrühe
2 EL Öl
Salz, Pfeffer

Zubereitung:

- Zwiebel und Knoblauch in kleine Stücke schneiden.
- Geschälte Kartoffeln, Porree und Paprika ebenfalls in kleine Stücke schneiden.
- Die Bohnen abtropfen lassen.
- Zwiebel und Knoblauch in einem großen Topf im Öl glasig dünsten.
- Hackfleisch zugeben und anbraten.
- Kartoffeln, Porree und Paprika ebenfalls kurz anbraten.
- Bohnen und heiße Brühe unterrühren.
- Alles zusammen etwa 20 Minuten köcheln lassen.
- Petersilie klein hacken und kurz vor Schluss unterrühren.
- Mit Salz und Pfeffer abschmecken.

Auflauf

in der Form ganz okay

Kartoffel - Spinat - Auflauf

Zutaten:

1300 g Kartoffeln
500 g Blattspinat (TK)
2 Stangen Porree
1 rote Paprika
75 g Champignons
2 Tomaten
2 Zwiebeln
4 Knoblauchzehen
200 g Creme fraîche
150 g geriebenen Cheddarkäse
4 Eier
150 ml Milch
Salz, Pfeffer, geriebene Muskatnuss, Olivenöl

Zubereitung:

- Den Spinat auftauen lassen.
- Kartoffeln schälen und ca. 15 Minuten kochen lassen.
- Dann die Kartoffeln in dünne Scheiben schneiden.
- Porree, Pilze, Paprika und Tomaten klein schneiden.
- Zwiebeln und Knoblauch klein hacken.
- Zusammen mit dem Gemüse im Öl etwas anbraten.
- Dann mit dem Spinat vermischen.
- Mit den Gewürzen abschmecken.
- Halbe Menge Kartoffeln in eine Auflaufform schichten.
- Auf den Kartoffeln das Spinatgemüse verteilen.
- Dann die restlichen Kartoffeln gleichmäßig darauf geben.
- Milch und Creme fraîche verrühren und erhitzen.
- Mit den Gewürzen abschmecken.

- Gleichmäßig über die Auflaufmasse gießen.
- Den Käse gleichmäßig darüber streuen.
- Vier Mulden für die Eier formen.
- Etwa 45 Minuten bei 180° bis 200° C überbacken.
- Dann die Eier in die Mulden vorsichtig aufschlagen.
- Noch einmal etwa 20 Minuten weiterbacken.

Pikanter Auflauf mit Hack - Püree

Zutaten:

800 g Hackfleisch
500 g Champignons
150 g Cherry – Tomaten
3 Knoblauchzehen
4 Zwiebeln
2 EL Öl
500 ml Brühe
4 EL Tomatenmark
1 Bund Schnittlauch (klein geschnitten)
300 g geriebenen Käse
Salz, Pfeffer
320 g Kartoffelpüree (Fertigprodukt, mit der angegebenen Menge Salz, Milch, und Butter) oder aus „normalen" Kartoffeln

Zubereitung:

- Pilze und Tomaten in kleine Stücke schneiden.
- Zwiebeln und Knoblauch ebenfalls klein schnei-den.
- Pilze, Zwiebeln und Knoblauch im Öl leicht an-braten.
- Hackfleisch zugeben und krümelig braten.
- Mit Salz und Pfeffer würzen.
- Tomatenmark, Brühe und Tomaten unterrühren.
- Alles ein paar Minuten schmoren lassen.
- Ein hohes Backblech gut einfetten.
- Unter die Hackfleischmasse 100 g Käse unter-rühren.
- Hackmasse dann sofort auf das Backblech geben und glatt streichen.
- Das Kartoffelpüree nach Anleitung zubereiten.

- Halbe Menge Schnittlauch unter das Püree mischen.
- Püree auf der Hackmasse gleichmäßig verteilen und glatt streichen.
- Den geriebenen Käse drüberstreuen.
- Im Backofen bei 200° C etwa 10 – 15 Minuten überbacken.
- Vor dem Servieren den restlichen Schnittlauch überstreuen.

Käsespätzle - Auflauf

Zutaten:

500 g Spätzle
750 g Rosenkohl (alternativ 500 g Tiefkühl-Rosenkohl)
200 g geriebener Goudakäse
1 Zwiebel
200 ml Milch
200 ml Gemüsebrühe
½ Bund Schnittlauch
50 g Butter
2 EL Mehl
Salz, Pfeffer, Muskat

Zubereitung:

- Rosenkohl putzen und halbieren.
- In Salzwasser 15 Minuten kochen.
- TK-Rosenkohl etwa 8 Minuten kochen.
- Spätzle (Packungsanweisung) in Salzwasser kochen.
- Zwiebel klein hacken.
- Butter in einem Topf schmelzen.
- Das Mehl darin anschwitzen lassen.
- Milch und Brühe unterrühren.
- Etwa 3 – 5 Minuten köcheln lassen.
- Mit den Gewürzen abschmecken.
- Nudeln abgießen und mit Soße, Rosenkohl und Zwiebeln vermengen.
- Vom Käse 150 g ebenfalls unterrühren.
- Alles in eine gefettete Auflaufform geben.
- Den Restkäse überstreuen.
- Bei 200° C etwa 30 Minuten überbacken.
- Schnittlauch klein schneiden.
- Fertigen Auflauf damit bestreuen.

Gebackenes

wenn der Ofen heiß ist

Blumenkohl - Quiche

Zutaten Boden:

250 g Mehl
125 g weiche Butter
1 Ei
1½ EL kaltes Wasser
1 TL Salz

Zutaten Belag:

1 Blumenkohl
300 g Möhren
250 g Erbsen (TK)
1 rote Paprika
1 Zwiebel
4 Knoblauchzehen
5 Eier
200 g Schlagsahne
200 ml Gemüsebrühe
100 ml Weißwein
150 g geriebener Käse
Salz, Pfeffer, Muskat, Öl

Zubereitung:

- Teigzutaten zu einem geschmeidigen Teig verkneten.
- In Folie gewickelt 30 Minuten kühl ruhen lassen.
- Möhren in dünne Scheiben schneiden.
- Blumenkohl in kleine Röschen teilen.
- Paprika klein würfeln.
- Zwiebel und Knoblauch fein hacken.
- Beides in Öl glasig dünsten.
- Blumenkohl zugeben und 2 Minuten mitdünsten.

- Mit Brühe und Wein ablöschen.
- Etwa 8 Minuten zugedeckt garen.
- Paprika, Erbsen und Möhren zugeben und 5 Minuten weitergaren.
- Gemüse abtropfen lassen.
- Halbe Käsemenge unter das Gemüse mengen.
- Mürbeteig in eine gefettete Springform drücken.
- Dabei einen 3 cm hohen Rand hochziehen.
- Gemüse auf dem Teig verteilen.
- Sahne mit den Eiern verquirlen.
- Mit Salz, Pfeffer und Muskat abschmecken.
- Eier – Sahne über das Gemüse gießen.
- Mit dem Restkäse überstreuen.
- Bei 200° C etwa 45 Minuten backen.

Apfelpfannkuchen vom Blech

Zutaten:

200 ml Milch
100 ml Mineralwasser
230 g Mehl
1/2 TL Backpulver
4 Eier
1 Prise Salz
3 – 4 Äpfel
Zitronensaft
50 g flüssige Butter
50 g Zucker
½ EL Zimt

Zubereitung:

- Mehl, Backpulver und Salz vermischen.
- Mischung mit Milch und Mineralwasser verrühren.
- Eier unterrühren.
- In der Schüssel 10 Minuten quellen lassen.
- Die Äpfel schälen und in Spalten schneiden.
- Mit dem Zitronensaft beträufeln.
- Den Teig auf ein mit Backpapier belegtes Backblech gießen.
- Die Äpfel darauf verteilen.
- Butter, Zimt und Zucker verrühren.
- Mischung über die Äpfel verteilen.
- Bei 180° C etwa 25 Minuten backen.

Flammkuchen mit Rosenkohl

Zutaten:

2 Packungen Flammkuchenteig (Kühltheke)
1 kg Kartoffeln
600 g Rosenkohl (TK)
500 g Hackfleisch
3 Eier
3 Zwiebeln
300 g Joghurt
200 g geriebener Käse
1 Bund Schnittlauch (klein gehackt)
Salz, Pfeffer, Paprika, Öl

Zubereitung:

- Zwiebeln fein hacken.
- In einer Pfanne glasig dünsten.
- Hackfleisch zugeben und krümelig braten.
- Rosenkohl nach Packungsanweisung garen.
- Kartoffeln schälen und in kleine Würfel schneiden.
- Gegarten Rosenkohl klein schneiden (halbieren).
- Eier, 2 EL Öl, Joghurt und 75 g Käse verrühren.
- Mit den Gewürzen abschmecken.
- Soße mit den Kartoffeln, Hackfleisch und Rosenkohl vermischen.
- Eine Fettpfanne des Backofens einfetten.
- Boden der Pfanne mit dem Flammkuchenteig auslegen.
- Dabei einen Rand hochziehen.
- Vermischten Belag gleichmäßig darauf verteilen.
- Mit dem Restkäse und dem Schnittlauch bestreuen.
- Bei 200° C etwa 30 – 40 Minuten überbacken.

Kartoffeltarte mit Äpfeln

Zutaten:

500 g Kartoffeln
320 g Mehl
45 g Butter
350 g Äpfel
1 große Zwiebel
4 Knoblauchzehen
1 Päckchen Trockenhefe
200 ml Milch
1 Ei
2 Eigelb
250 g Gruyère
150 g Sahne
Salz, Pfeffer, Muskat, Oregano

Zubereitung:

- Butter und Milch erwärmen.
- Hefe, Mehl und eine Prise Salz vermengen.
- Alles zusammen mit dem Eigelb verkneten.
- Zugedeckt 30 Minuten an einem warmen Ort gehen lassen.
- Zwiebeln und Knoblauch klein hacken.
- Geschälte Äpfel und Kartoffeln grob raspeln.
- Raspeln, Zwiebeln und Knoblauch vermengen.
- Mit Salz, Pfeffer und Oregano würzen.
- Aufgegangenen Teig kurz durchkneten.
- Knete in eine gefettete, bemehlte Springform geben.
- Dabei einen 3 cm hohen Rand hochziehen.
- Kartoffelmix einfüllen.

- Bei 180° 15 – 20 Minuten backen.
- In der Zwischenzeit den Gruyère raspeln.
- Raspeln, Sahne und Ei vermengen.
- Mit den Gewürzen abschmecken.
- Nach der ersten Backzeit die Käsemischung über die Torte geben.
- Noch einmal etwa 20 – 25 Minuten backen.

Gebackenes Gemüse mit Dip

Zutaten:

600 g Kartoffeln
3 Paprika (gemischt)
250 g Magerquark
5 Knoblauchzehen
3 EL Olivenöl
2 Stangen Sellerie
1 EL Sonnenblumenöl
2 kleine Zucchini
2 EL Kürbiskerne
5 EL Milch
Salz, Pfeffer, Thymian
Hefestreuwürze

Zubereitung:

- Kartoffeln halbieren.
- Mit der Schnittfläche nach oben auf ein Backblech mit Backpapier legen.
- Dünn mit Öl bestreichen und salzen und pfeffern.
- Etwa 10 Minuten bei 220° C backen.
- Gemüse und Knoblauch in Stücke schneiden.
- Alles zu den Kartoffeln geben.
- Ebenfalls mit Öl einpinseln und Gewürze darüber streuen.
- Nochmals etwa 20 Minuten backen.
- Für den Dip Quark, Milch, Sonnenblumenöl, Kürbiskerne und Gewürze verrühren.
- Gebackene Kartoffeln und Gemüse mit dem Dip servieren.

Lauchtorte

Zutaten:

280 g Mehl
5 Stangen Lauch (mittlere Größe)
150 g saure Sahne (stichfest)
150 weiche Butter
150 g Kabanossiwurst
1 große Möhre
2 Zwiebeln
4 Knoblauchzehen
6 Eier
1 TL Senf
Salz, Pfeffer, Paniermehl

Zubereitung:

- Mehl, Butter, 1 Ei, 4 EL Wasser, etwas Salz verkneten.
- In Alufolie gewickelt etwa 30 Minuten kalt stellen.
- Lauch und Kabanossi in dünne Scheiben schneiden.
- Möhre fein raspeln.
- Zwiebeln und Knoblauch fein hacken.
- Beides in 3 EL Olivenöl glasig dünsten.
- Lauch und Möhren zugeben und kurz mitbraten.
- Mit Salz und Pfeffer würzen.
- Kabanossi unterrühren.
- Eine Springform fetten.
- Den Teig durchkneten und in die Form drücken.
- Dabei einen 3 cm hohen Rand hochziehen.
- Teigboden mit etwas Paniermehl bestreuen.
- Lauchmischung gleichmäßig einfüllen.
- Sahne, Senf, restliche Eier verrühren.
- Abschmecken und Soße über den Lauch gießen.
- Bei 175° C etwa 60 Minuten backen.

Quiche mit Ziegenkäse

Zutaten:

1 Rolle (300g) Quiche-/Tarteteig (Kühltheke)
200 g Ziegenkäse (halbfeste Rolle)
2 Zwiebeln
4 Eier
150 g Sahne
30 g Rucola
Salz, Pfeffer, Oregano, Butter

Zubereitung:

- Zwiebeln kleinschneiden.
- In der Butter glasig dünsten.
- Eier und Sahne verrühren, kräftig aufschlagen.
- Mit den Gewürzen abschmecken.
- Ziegenkäse in dünne Scheiben schneiden.
- Eine Tarteform (Springform) leicht einfetten.
- Den Quicheteig in die Form geben.
- Dabei den Rand mit hochlegen.
- Mit einer Gabel mehrfach einstechen.
- Die Zwiebelmasse darauf verteilen.
- Käsestücke gleichmäßig auf die Zwiebelmasse legen.
- Eier-Sahne-Soße ebenfalls darauf verteilen.
- Etwas Rucola klein schneiden und überstreuen.
- Bei 180° C etwa 40 Minuten backen.
- Mit dem restlichen Rucola garniert servieren.

Reistorte mit Kräutern

Zutaten:

400 g Duftreis
1 rote Paprika
1 gelbe Paprika
1 Zwiebel
3 Knoblauchzehen
2 große Tomaten
500 g Champignons
3 Eier
150 g Creme fraîche
200 g geriebener Käse
700 ml Gemüsebrühe
1 Bund frische Kräuter
Salz, Pfeffer, Öl, Paprikapulver

Zubereitung:

- Reis in der Gemüsebrühe kochen.
- Paprika und Pilze klein schneiden.
- Zwiebel und Knoblauch fein hacken.
- Knoblauch – Zwiebel in Öl glasig dünsten.
- Paprika und Pilze zugeben, 5 Minuten dünsten lassen.
- Mit Salz, Pfeffer und Paprikapulver abschmecken.
- Paprikagemüse und Reis vermengen.
- Kräuter fein hacken.
- Tomaten in dünne Scheiben schneiden.
- Creme fraîche und Eier verquirlen.
- Creme, Kräuter, 100 g Käse unter den Reis mischen.
- Alles in eine gefettete Springform füllen.
- Tomatenscheiben auflegen.
- Den Restkäse überstreuen.
- Bei 180° C etwa 20 Minuten backen.

Rosmarin - Brot

Zutaten:

350 g Mehl
2 EL Rosmarin (frisch, klein gehackt)
1 Päckchen Trockenhefe
200 g Tsatsiki
1 Apfel
100 ml warme Milch
1 TL Zucker
1 TL Salz

Zubereitung:

- Mehl, Hefe, Rosmarin, Zucker und Salz gut vermischen.
- Apfel schälen und grob raspeln.
- Tsatsiki, Milch und Apfelraspeln zur Mehlmischung geben.
- Mit Knethaken zu einem glatten Teig verrühren.
- Teig zugedeckt an einem warmen Ort gehen lassen.
- Wenn der Teig sichtbar vergrößert ist, noch einmal mit bemehlten Händen durchkneten.
- Dann in eine Backform geben.
- Noch einmal 30 – 45 Minuten zugedeckt gehen lassen.
- Bei 200° C etwa 35 – 40 Minuten backen.

Würziger Zwiebelkuchen

Zutaten:

1 Packung frischer Flammkuchenteig (Kühltheke)
200 g Pfefferschinken (Scheiben)
1,5 kg Zwiebeln
3 rote Zwiebeln
1 Bund Lauchzwiebeln
4 Eier
300 g saure Sahne
40 g Butter
60 g Mehl
Salz, Pfeffer, Kümmel

Zubereitung:

- Rote und weiße Zwiebeln in Ringe schneiden.
- Lauchzwiebeln kleinschneiden.
- Schinken in schmale, kurze Streifen schneiden.
- Weiße Zwiebeln in der Butter glasig dünsten.
- Schinkenstreifen und Lauchzwiebeln kurz mitdünsten.
- Mit Salz, Pfeffer und Kümmel abschmecken.
- Abkühlen lassen.
- Eier, Sahne und Mehl verrühren.
- Eiersoße unter die abgekühlten Zwiebeln rühren.
- Eine Springform einfetten.
- Den Flammkuchenteig in die Form geben.
- Dabei den Rand mit hochlegen.
- Die Zwiebelmasse gleichmäßig einfüllen.
- Rote Zwiebeln darauf verteilen.
- Bei 200° C etwa 50 Minuten backen.

Dies und das

oder auch verschiedene Gerichte

Risotto mit Erbsen

Zutaten:

350 g Risottoreis
3 Knoblauchzehen
300 g Erbsen (TK)
1 Zwiebel
100 ml Rotwein
900 ml Fleischbrühe
4 EL Parmesan
80 g gekochter Schinken
2 EL Öl
50 g Butter
2 EL Petersilie
Salz, Pfeffer

Zubereitung:

- Knoblauch, Zwiebeln und Speck klein schneiden.
- Alles im Öl und in der Butter glasig dünsten.
- Den Reis dazugeben und gut im Bratfett wenden.
- Die Hälfte der heißen Brühe zugießen.
- Bei kleiner Hitze garen, bis die Flüssigkeit vom Reis aufgesogen ist.
- Dabei immer wieder umrühren!!!
- Nach und nach den Rotwein und die restliche Brühe zugeben.
- Nicht vergessen, immer wieder umrühren!!!
- Wenn die Flüssigkeit fast verkocht ist die Erbsen unterrühren.
- Risotto salzen und pfeffern.
- Vor dem Servieren den Parmesan unterrühren.
- Zum Schluss die Petersilie überstreuen.

Scharf gebratener Wels
(Thailändisches Gericht)

Zutaten:

1 kg Wels (oder anderen Süßwasserfisch)
2 EL Chilipaste
2 EL Kapaublätter
1 TL Zucker
Öl, Wasser
Nam Pla (Fischsauce)

Zubereitung:

- Fisch säubern und ausnehmen.
- Leeren Fisch in ca. 1,5 cm lange Stücke schneiden.
- Stücke im Wok mit etwas Öl anbraten.
- Gebratene Stücke beiseite legen.
- Kapaublätter mit wenig Öl anbraten.
- Blätter ebenfalls beiseite legen.
- Chilipaste mit Zucker, Nam Pla und etwas Wasser anbraten.
- Mit den Fischstücken zusammen fertig braten.
- Kapaublätter vor dem Anrichten dazugeben.

Spätzle mit Linsen

Zutaten:

1000 g Spätzle (aus dem Kühlregal)
250 g Linsen
150 g Möhren
2 kleine Stangen Porree
150 g Kohlrabi
100 g Knollensellerie
1 Zwiebel
3 Knoblauchzehen
250 g Bockwürstchen
2 EL Olivenöl
3 EL Essig
900 ml Gemüsebrühe
1 TL Zucker
Salz, Pfeffer

Zubereitung:

- Zwiebel und Knoblauch fein hacken.
- Beides im Öl etwas andünsten.
- Mit der Gemüsebrühe ablöschen.
- Linsen, Zucker und Essig unterrühren.
- Etwa 30 Minuten köcheln lassen.
- Möhren, Kohlrabi und Sellerie in kleine Stückchen schneiden.
- Vorher natürlich schälen.
- Porree in dünne Scheiben schneiden.
- Gemüse unter die Linsenmasse rühren.
- Alles zusammen noch einmal 15 Minuten köcheln lassen.

- Die Würstchen in kleine Stücke schneiden.
- Ebenfalls unter die Linsenmasse geben.
- Mit Salz und Pfeffer abschmecken.
- Spätzle nach Packungsangaben erhitzen.
- Dann die Spätzle unter die Linsen rühren und servieren.

Desserts

sind meistens sehr lecker

Apfel - Bananen - Joghurt

Zutaten für 5 – 6 Personen:

2 mittelgroße Äpfel
2 Bananen
Saft einer ½ Apfelsine
2 Päckchen Vanillezucker
Saft einer ½ Zitrone
1 TL Zimt
500 g Vanille – Joghurt
2 EL Rum
15 g Fertiggelatine / Sofortgelatine

Zubereitung:

- Äpfel entkernen, schälen und in kleine Stücke schneiden.
- Apfelstücke, Zucker, Zimt, Zitronen- und Apfelsinensaft in einem Topf zum Kochen bringen.
- Etwa 3 Minuten kochen lassen.
- Bananen in grobe Stücke schneiden.
- Zusammen mit den gekochten Äpfeln pürieren.
- Abkühlen lassen.
- Gelatine in den Joghurt einrühren.
- Obstpüree und Rum mit dem Joghurt verrühren.
- In Dessertschälchen füllen und kalt stellen.
- Gekühlt evtl. mit einem Sahnehäubchen servieren.

Apfel - Creme

Zutaten:

500 g saure Äpfel
250 ml Orangensaft
2 Päckchen Vanillezucker
2 EL Vanille – Puddingpulver
1 Ei
gehackte Pistazien

Zubereitung:

- Äpfel schälen und in kleine Stücke schneiden.
- Stücke, Orangensaft und Zucker in einen Topf geben.
- Auf kleiner Flamme etwa 5 Minuten köcheln lassen.
- Das Ei trennen.
- Puddingpulver mit Eigelb und 3 EL Wasser verrühren.
- Gerührtes unter die Apfelmasse rühren.
- Kurz aufkochen lassen.
- Eiweiß steif schlagen.
- Eischnee unter die Apfelcreme heben.
- Creme in Dessertgläser füllen.
- Im Kühlschrank etwa 2 Stunden kühl stellen.
- Mit den Pistazien garniert servieren.

Bananen - Beeren - Joghurt

Zutaten:

400 g Himbeeren (TK oder frische)
300 g Naturjoghurt
300 g Schlagsahne
2 Bananen
2 Vanillezucker
1 Päckchen Sahnesteif

Zubereitung:

- Bananen in kleine Stücke schneiden.
- Zusammen mit dem Joghurt pürieren.
- Sahne steif schlagen.
- Dabei Vanillezucker und Sahnesteif einrieseln lassen.
- Steife Sahne unter das Bananenpüree heben.
- Himbeeren auf vier Dessertgläser verteilen.
- Joghurtmasse über die Himbeeren geben.
- Gekühlt, mit Beeren garniert servieren.

Bananen - Kirsch - Quark

Zutaten:

2 mittlere Bananen
1 kleines Glas Sauerkirschen
250 g Magerquark
250 g Vanillejoghurt
300 g Schlagsahne
2 Vanilleschoten
2 Päckchen Vanillezucker
1 Limette
gehackte Pistazien

Zubereitung:

- Kirschen gut abtropfen lassen.
- Vanillemark aus den Schoten kratzen.
- Bananen längs halbieren und in Scheiben schneiden.
- Saft der Limette über die Bananenstücke geben.
- Sahne steif schlagen,
- Dabei den Vanillezucker einrieseln lassen.
- Quark, Vanillemark und Joghurt verrühren.
- Bananen, Kirschen und Sahne unterheben.
- Quark in Dessertschälchen füllen.
- Mit den Pistazien garniert servieren.

Beeren - Creme

Zutaten:

200 g Schlagsahne
60 g Puderzucker
300 g Beeren (Erdbeeren, Himbeeren, Brombeeren)
20 g Fertiggelatine / Sofortgelatine
150 g Naturjoghurt
150 g Creme fraîche
Schokostreusel

Zubereitung:

- Beeren putzen.
- Einige Beeren zum Garnieren zurücklegen.
- Die Beeren mit Zucker und Gelatinepulver pürieren.
- Creme fraîche und Joghurt verrühren.
- Beerenpüree unterrühren.
- Sahne steif schlagen.
- Steife Sahne unter die Beerencreme heben.
- Creme in Dessertschälchen füllen.
- Mindestens 2 Stunden im Kühlschrank kühlen.
- Mit Beeren und Schokostreusel garnieren.

Beerencreme mit Frischkäse

Zutaten für 4 – 5 Personen:

250 g Himbeeren
400 g Waldbeeren (oder Johannisbeeren)
20 g Fertiggelatine / Sofortgelatine
300 g Frischkäse (Doppelrahm)
400 g Schlagsahne
50 g Zucker
2 EL Zitronensaft
2 EL Cognac

Zubereitung:

- Himbeeren zusammen mit Gelatinepulver pürieren.
- Püree, Frischkäse, Cognac und Zitronensaft verrühren.
- Sahne steif schlagen.
- Dabei den Zucker einrieseln lassen.
- Steife Sahne unter die Creme heben.
- Waldbeeren (Johannisbeeren) vorsichtig unterrühren.
- Auf 4 oder 5 Dessertschälchen verteilen.
- Creme mindestens 3 Stunden kalt stellen.
- Mit ein paar Beeren verziert servieren.

Beeren - Grütze

Zutaten:

250 g Himbeeren
300 g Frischkäse
125 g Zucker
300 g Schlagsahne
1 Päckchen Vanillezucker
1 Päckchen Rote Grütze

Zubereitung:

- Rote Grützepulver mit 200 ml Wasser anrühren.
- Etwa 5 Minuten quellen lassen.
- Danach die Grütze erhitzen, aber nicht kochen.
- Etwas abkühlen lassen.
- Frischkäse, Vanillezucker und Zucker verrühren.
- Schlagsahne steif schlagen.
- Abgekühlte Grütze unter den Käse rühren.
- Beeren und Sahne unterheben.
- In Dessertschälchen füllen.
- Mindestens 3 Stunden kühl stellen.
- Mit ein paar Beeren garniert servieren.

Beeren - Limetten - Creme

Zutaten:

250 g Beeren (Erdbeeren, Himbeeren oder Brombeeren)
1 Limette
250 g Naturjoghurt
200 g Schlagsahne
2 EL Zucker
1 Päckchen Vanillezucker
15 g Fertiggelatine / Sofortgelatine
50 g Puffreis

Zubereitung:

- Limette auspressen.
- Puffreis klein zerbröseln.
- Große Beeren klein schneiden.
- Zucker, Vanillezucker und Gelatinepulver vermischen.
- Mischung mit Joghurt und Limettensaft verrühren.
- Gut gerührte Creme etwa 15 Minuten kühl stellen.
- Sahne steif schlagen.
- Steife Sahne unter die kühle Joghurtcreme heben.
- Reisbrösel und Beeren ebenfalls unterheben.
- Creme in Dessertschälchen füllen.
- Mindestens 3 Stunden im Kühlschrank kühlen.
- Mit einigen Früchten garniert servieren.

Brombeercreme

Zutaten:

300 g Brombeeren
15 ml Amaretto
3 EL Zucker
250 g Mascarpone
500 g Sahne
10 g Fertiggelatine / Sofortgelatine
2 Eiweiß

Zubereitung:

- Brombeeren mit Zucker und Likör pürieren
- Mascarpone unter das Likörpüree rühren.
- Eiweiß steif schlagen.
- Sahne steif schlagen, dabei Gelatinepulver einrieseln lassen.
- Steife Sahne unter die Brombeercreme heben.
- Eischnee ebenfalls unterheben.
- Mindestens 2 Stunden kühl stellen.
- Mit Brombeeren verzieren.

Brombeer - Schokoladen - Creme

Zutaten für 6 Portionen:

150 g weiße Schokolade
350 g Brombeeren
400 g Schlagsahne
100 g Zucker
2 Päckchen Vanillezucker
30 g Fertiggelatine / Sofortgelatine
Schokoflocken

Zubereitung:

- Schokolade fein reiben.
- Zucker, Gelatinepulver und Vanillezucker vermischen.
- Brombeeren mit einem Esslöffel dieser Mischung pürieren.
- Sahne mit der Restmischung steif schlagen.
- Schokolade, Brombeeren unter die Sahne rühren.
- Sahnecreme in 6 Dessertgläser füllen.
- Creme mindestens 2 Stunden kalt stellen.
- Mit Schokoflocken garniert servieren.

Buttermilch - Mandarinen - Creme

Zutaten für 5 – 6 Personen:

250 g Buttermilch
1 Dose Mandarinen (oder frische Früchte)
200 g Schlagsahne
70 g Zucker
1 Päckchen Vanillezucker
25 g Sofortgelatine / Fertiggelatine
Saft von einer Zitrone

Zubereitung:

- Mandarinen mit Vanillezucker pürieren.
- Sahne mit 10 g Gelatinepulver steif schlagen.
- Zucker und Restgelatine vermischen.
- Mischung mit Zitronensaft unter die Buttermilch rühren.
- Püree und Sahne unterheben.
- Creme auf Dessertgläser (-schälchen) verteilen.
- Mindestens 4 Stunden kalt stellen.
- Mit Mandarinen garniert servieren.

Erdbeer - Kaltschale

Zutaten:

500 g Erdbeeren
4 EL Zucker
4 TL Speisestärke
400 ml Rotwein
4 EL Amaretto - Likör

Zubereitung:

- Für die Garnierung einige Erdbeeren beiseite legen.
- Restliche Erdbeeren in kleine Stücke schneiden.
- In einem Topf Rotwein und Zucker verrühren.
- Gezuckerten Rotwein aufkochen lassen.
- Erdbeerstücke unterrühren.
- Noch einmal aufkochen.
- Speisestärke mit etwas kaltem Wasser glatt rühren.
- Dann in die Erdbeermasse einrühren.
- Etwas köcheln lassen.
- Topf vom Herd nehmen und den Likör unterrühren.
- Auf 4 Dessertschälchen verteilen.
- Kaltschale im Kühlschrank kalt werden lassen.
- Mit einigen Erdbeerstücken garniert servieren.

Erdbeer - Zitronen - Creme

Zutaten:

750 g Erdbeeren
100 g Puderzucker
2 Eigelbe
150 g Sahnejoghurt (Erdbeergeschmack)
30 g Fertiggelatine / Sofortgelatine
200 ml Buttermilch
250 g Schlagsahne
Saft von 2 Zitronen

Zubereitung:

- Erdbeeren in kleine Stücke schneiden.
- Eine Hälfte der Erdbeeren mit 20 g Puderzucker pürieren.
- Den Zitronensaft mit dem Restzucker aufkochen.
- Etwas abkühlen lassen.
- Eigelb und Gelatine in den Zitronensirup rühren.
- Sirup weiter abkühlen lassen.
- Joghurt und Buttermilch unterrühren.
- Die Schlagsahne steif schlagen.
- Sahne unter die Creme heben.
- Die restlichen Erdbeerstückchen ebenfalls unterheben.
- Creme in Dessertschälchen füllen.
- Mindestens zwei Stunden kalt stellen.
- Mit dem Erdbeerpüree und Erdbeerstückchen garniert servieren.

Espresso - Joghurt - Beeren

Zutaten für 4 – 5 Personen:

175 ml Espresso
4 EL Amaretto – Likör
300 g Sahnejoghurt mit Blaubeeren
250 g Frischkäse
50 g Zucker
150 g Himbeeren
150 g Brombeeren
150 g Blaubeeren
10 Löffelbiskuits

Zubereitung:

- Frischkäse, Joghurt und Zucker verrühren.
- Von den Beeren einige zum Garnieren beiseitelegen.
- Himbeeren und Brombeeren in einer Schüssel mit einer Gabel zerdrücken.
- Blaubeeren untermengen.
- Löffelbiskuits halbieren bzw. vierteln.
- Espresso und Amaretto in einer Schüssel vermischen.
- Biskuits kurz in die Mischung geben.
- Dann die Biskuits auf Dessertschälchen verteilen.
- Halbe Menge Joghurtcreme auf die Schälchen verteilen.
- Beerenmischung auf die Creme geben.
- Restliche Joghurtcreme darauf verteilen.
- Mit den zurückgelegten Beeren garnieren.
- Vor dem Servieren noch einmal kurz kühl stellen.

Griechisches Joghurt - Mousse

Zutaten:

300 g griechischer Joghurt
200 g Schlagsahne
50 g Honig
1 Päckchen Vanillezucker
2 Eier
30 g Fertiggelatine / Sofortgelatine
2 EL gemahlene Haselnüsse

Zubereitung:

- Eier, Honig, Joghurt, 15 g Gelatinepulver und Vanillezucker gut verrühren.
- Die Sahne mit der Restgelatine steif schlagen.
- Steife Sahne und 2 EL Nüsse unter die Joghurtmasse heben.
- Abgedeckt mindestens 6 Stunden in den Kühlschrank stellen.
- Vor dem Servieren die restlichen Nüsse überstreuen.
- Evtl. noch etwas Honig drüber träufeln.

Himbeer - Creme

Zutaten:

300 g Himbeeren
400 g Dickmilch
Saft von einer Zitrone
100 g Zucker
1 Prise Salz
2 EL Sherry
30 g Fertiggelatine / Sofortgelatine

Zubereitung:

- Die Himbeeren pürieren.
- Zucker, Salz und Gelatinepulver vermischen.
- Gelatinemischung unter die Himbeeren rühren.
- Himbeerpüree in einem Topf erhitzen (nicht kochen!!).
- Dickmilch, Sherry und Zitronensaft unterrühren.
- Die Creme in Dessertschälchen füllen.
- Mindestens vier Stunden kalt stellen.
- Mit Himbeeren garniert servieren.

Himbeer – Joghurt – Creme

Zutaten:

500 g Himbeeren (frisch oder TK)
100 g Zucker
2 Eigelb
30 g Fertiggelatine / Sofortgelatine
250 g Joghurt
300 g Schlagsahne
4 EL Schokoröllchen

Zubereitung:

- Aufgetaute oder frische Himbeeren pürieren
- „Garnierungshimbeeren" auf Seite legen.
- Himbeerpüree, Joghurt, Zucker, Eigelb und 15 g Gelatine gut verrühren.
- Sahne mit Restgelatine steif schlagen.
- Steife Sahne unter die Himbeercreme heben.
- Mindestens 2 Stunden kühl stellen.
- Mit Himbeeren und Schokoröllchen garniert servieren.

Himbeer - Raffaello - Creme

Zutaten:

350 g Himbeeren
12 Stück Raffaello
500 g Sahnequark
200 g Sahne
50 g Zucker
2 Päckchen Vanillezucker
15 g Fertiggelatine

Zubereitung:

- 8 Stück Raffaello zerkleinern / zerhacken.
- Die Sahne mit halber Gelatinemenge steif schlagen.
- Quark, Zucker, Vanillezucker und Restgelatine verrühren.
- Raffaello und 100 g Himbeeren unterrühren.
- Steife Sahne gleichmäßig unterheben.
- Restliche Himbeeren auf Dessertgläser verteilen.
- Ein paar Beeren für die Deko zurückbehalten.
- Quarkmasse in die Gläser füllen.
- Im Kühlschrank mindestens 3 Stunden stehen lassen.
- Mit ein paar Himbeeren und je einem Raffaello dekoriert servieren.

Himbeer - Tiramisu

Zutaten für 4 - 5 Personen:

200 g Löffelbiskuit
250 g Himbeeren
200 g Schlagsahne
250 g Mascarpone
250 g Sahnequark
250 g Magerquark
3 EL Eierlikör
1 Päckchen Vanillezucker
100 g Zucker
150 ml kalter Espresso
30 g Sofortgelatine / Fertiggelatine
1 EL Kakaopulver
75 g Raspelschokolade

Zubereitung:

- Zucker, Vanillezucker und Gelatinepulver vermischen.
- Zusammen mit Mascarpone, Quark und Eierlikör verrühren.
- Sahne steif schlagen.
- Steife Sahne unter die Creme heben.
- Mit Löffelbiskuit den Boden einer kleinen Auflaufform belegen.
- Biskuit mit der halben Espressomenge beträufeln.
- Die halbe Quarkmenge auf aufstreichen.
- Von den Beeren die Hälfte in die Creme drücken.
- Halbe Schokoladenmenge überstreuen.
- Restliche Biskuits auf die Beeren geben.
- Mit restlichem Espresso beträufeln.

- Restcreme aufstreichen.
- Die restlichen Beeren auf der Creme verteilen.
- Restliche Schokolade überstreuen.
- Mindestens 3 Stunden im Kühlschrank kalt stellen.
- Vor dem Servieren mit dem Kakaopulver bestäuben.

Himbeer - Spekulatius - Creme

Zutaten für 5 – 6 Personen:

200 ml Sahne
1 Päckchen Sahnesteif
250 g Mascarpone
250 g Quark
125 g Zucker
1 Päckchen Vanillezucker
350 g Himbeeren (TK)
250 g Spekulatius
Puderzucker

Zubereitung:

* Sahne mit Sahnesteif schlagen.
* Mascarpone, Quark, Zucker und Vanillezucker mischen.
* Die steife Sahne unterheben.
* Spekulatius zerbröckeln.
* Etwas Creme in Nachtischschälchen geben.
* Eine Schicht Spekulatius auf der Creme verteilen.
* Hälfte der restlichen Creme darauf verstreichen.
* Die Himbeeren darauf verteilen.
* Beeren mit dem Rest der Creme bedecken.
* Spekulatius auf die Creme geben.
* Creme mindestens 4 Stunden kalt stellen.
* Vor dem Servieren etwas Puderzucker drüber streuen.

Joghurt - Beeren - Kuppel

Zutaten für 4 – 5 Personen:

250 g gemischte Beeren (TK), alternativ frische Beeren
400 g Schlagsahne
120 g Zucker
1 Päckchen Vanillezucker
500 g Naturjoghurt

Zubereitung:

- Zucker, Vanillezucker und Joghurt gut verrühren.
- Die Sahne steif schlagen.
- Steife Sahne unter den Joghurt heben.
- Ein Geschirrtuch in ein Sieb legen.
- Das Sieb auf eine Schüssel legen.
- Joghurt – Sahne einfüllen.
- Über Nacht kühl stellen und abtropfen lassen.
- Abgetropfte Creme vorsichtig auf eine Platte (großen Teller) stürzen.
- Aufgetaute oder frische Beeren um die Kuppel legen.
- Als Krönung ein paar Beeren auf die Kuppelspitze geben.

Joghurtcreme mit Himbeeren

Zutaten für 4 – 5 Personen:

300 g Himbeeren
400 g Naturjoghurt
300 g Schlagsahne
75 g Zucker
1 Päckchen Vanillezucker
Saft einer halben Zitrone
30 g Fertiggelatine / Sofortgelatine

Zubereitung:

- Zucker mit 25 g Gelatinepulver vermischen.
- Mischung mit Joghurt und Zitronensaft verrühren.
- Sahne mit der Restgelatine und dem Vanillezucker steif schlagen.
- Steife Sahne unter die Joghurtcreme heben.
- Etwa 250 g Himbeeren ebenfalls vorsichtig unterheben.
- Creme in Dessertschälchen füllen.
- Mindestens 3 Stunden im Kühlschrank kühlen.
- Mit den restlichen Himbeeren garniert servieren.

Joghurt Nockerln mit Beeren

Zutaten:

300 g Naturjoghurt
200 g Magerquark
150 g Creme fraîche
100 g Puderzucker
1 kg gemischte Beeren
2 Eiweiß
1 EL Zucker

Zubereitung:

- Joghurt, Creme fraîche, Quark und Puderzucker verrühren.
- Eiweiß steif schlagen.
- Den Eischnee unter die Joghurtmasse heben.
- Ein feuchtes Leinentuch in ein Sieb legen.
- Joghurtmasse in das Tuch geben.
- Mit Frischhaltefolie abdecken.
- Über Nacht im Kühlschrank abtropfen lassen.
- Die Hälfte der Beeren mit dem Zucker pürieren.
- Püree auf vier Dessertschälchen verteilen.
- Von der Joghurtmasse mit einem Löffel Nockerln abstechen.
- Nockerln auf das Püree setzen.
- Restliche Beeren um die Nockerln verteilen.

Kaffeecreme mit Mascarpone

Zutaten für 4 – 5 Personen:

500 g Magerquark
150 g Mascarpone
200 g Schlagsahne
50 g Zucker
5 TL lösliches Kaffeepulver
1 Päckchen Vanillezucker
15 g Fertiggelatine / Sofortgelatine
4 EL Schoko - Kaffeebohnen

Zubereitung:

- Kaffeepulver in 6 EL heißem Wasser auflösen.
- Danach gut auskühlen lassen.
- Mascarpone, Quark, Hälfte Kaffee und Zucker verrühren.
- Halbe Menge Gelatinepulver unterrühren.
- Sahne mit Restgelatine und Vanillezucker steif schlagen.
- Steife Sahne unter die Mascarponecreme heben.
- Den restlichen Kaffee vorsichtig unterrühren.
- Mascarponecreme in vier Gläser füllen.
- Mit den Schokobohnen garnieren.
- Etwa 2 Stunden kühl stellen.

Mandarinen - Amarettini - Creme

Zutaten:

1 Dose Mandarinen
150 g Magerquark
100 g Naturjoghurt
½ Päckchen Vanille - Puddingpulver
30 g Zucker
40 g Amarettini – Kekse
200 ml Orangensaft

Zubereitung:

- Mandarinen abschütten.
- Dabei den Saft auffangen.
- Puddingpulver und 20 g Zucker vermischen.
- Orangensaft und 50 ml Mandarinensaft in einen Topf geben.
- Puddingmischung einrühren.
- Puddingsaft unter Rühren aufkochen lassen.
- Mandarinen (bis auf 4 Stück) vorsichtig unterrühren.
- Pudding in 4 Gläser füllen.
- Joghurt, Quark, Restzucker und 1 EL Mandarinensaft verrühren.
- Amarettini fein zerbröseln.
- Brösel unter den Quarkjoghurt rühren.
- Quarkmischung auf die Puddinggläser verteilen.
- Mindestens 2 Stunden kühl stellen.
- Mit den Restmandarinen garniert servieren.

Mandarinenquark mit Marzipan

Zutaten:

400 g Magerquark
200 g Schlagsahne
100 g Marzipan-Rohmasse
1 Dose Mandarinen
2 EL Aprikosenmarmelade
10 g Fertiggelatine / Sofortgelatine

Zubereitung:

- Die Mandarinen gut abtropfen lassen.
- Marzipan in kleine Stücke schneiden.
- Marzipan zusammen mit der Marmelade pürieren.
- Quark und Marzipanpüree verrühren.
- Schlagsahne mit Gelatinepulver steif schlagen.
- Mandarinen (bis auf 8 Stück) unter die Quarkcreme rühren.
- Die Sahne unterheben.
- Creme in Dessertschälchen füllen.
- Mindestens 2 Stunden kühl stellen.
- Mit den restlichen Mandarinen garniert servieren.

Mandarinen - Tiramisu

Zutaten:

2 Dosen Mandarinen
5 EL Rum
500 g Mascarpone
200 g Schlagsahne
6 EL Zitronensaft
250 g Sahnequark
200 g Löffelbiskuit
50 g Zucker
30 g Fertiggelatine / Sofortgelatine
2 Päckchen Vanillezucker

Zubereitung:

- Mandarinen abtropfen lassen.
- Dabei den Saft auffangen.
- Schlagsahne mit 10 g Gelatinepulver steif schlagen.
- Mascarpone mit Quark und Mandarinensaft verrühren.
- Zucker mit Restgelatine mischen.
- Beides unter die Mascarponecreme rühren.
- Die steife Sahne und die Mandarinen unterheben.
- Zitronensaft, Rum und Vanillezucker verrühren.
- Die Hälfte der Biskuits in eine Form legen.
- Biskuits mit der Hälfte der Rumzitrone beträufeln.
- Eine Hälfte der Creme auf die Biskuits streichen.
- Die restlichen Biskuits auflegen.
- Mit dem restlichen Rumzitronensaft beträufeln.
- Restcreme aufstreichen.
- Mindestens 3 Stunden kühl stellen.
- Mit ein paar Mandarinenscheiben garniert servieren.

Mangocreme

Zutaten:

1 Mango
1 Orange
100 g Schlagsahne
2 Eier
50 g Schokoladenstreusel
20 g Fertiggelatine / Sofortgelatine
2 EL Zucker

Zubereitung:

- Die Mango schälen, das Fruchtfleisch vom Kern lösen.
- Etwas Mangofruchtfleisch für die Verzierung zurücklegen.
- Restliches Mangofruchtfleisch pürieren.
- Orange auspressen.
- Orangensaft und Mangopüree verrühren.
- Die Eier trennen.
- Eiweiß steif schlagen.
- Sahne ebenfalls steif schlagen.
- Eigelb und Zucker mit dem Mixer schaumig rühren.
- Mangopüree, Schokostreusel, Gelatinepulver zugeben.
- Die Sahne und den Eischnee unterheben.
- Creme in Schälchen füllen und mindestens eine Stunde kalt stellen.
- Vor dem Servieren mit den Mangostückchen garnieren.

Bei diesem Rezept kann es passieren, dass die Creme nicht so richtig steif wird. Schuld ist dann die Verbindung bzw. Unverträglichkeit zwischen Mango und Gelatine. Mir ist sie allerdings mit den angegebenen Zutaten gelungen.

Mango - Parfait

Zutaten:

1 Mango (etwa 600 g)
300 g Creme fraîche
150 g Sahne
125 g Zucker
2 Eigelb

Zubereitung:

- Zucker und Eigelb in eine Schüssel geben.
- Auf heißem Wasserbad etwa 10 Minuten cremig rühren.
- Die Creme abkühlen lassen.
- Sahne steif schlagen.
- Mangofruchtfleisch in kleine Stücke schneiden.
- Mit 1 EL Sahne pürieren.
- Halbe Menge Püree für die Garnierung zurücklegen.
- Creme fraîche unter die Eiercreme rühren.
- Die Sahne unterheben.
- Mangopüree ebenfalls unterheben.
- Eine Plastikform (etwa 750 ml Inhalt) kalt ausspülen.
- Parfait einfüllen und glatt streichen.
- Über Nacht im Gefrierschrank fest werden lassen.
- Parfait etwa 20 Minuten vor dem Verzehr aus der Kühlung nehmen.
- Stürzen und in Scheiben schneiden.
- Zusammen mit dem Mangopüree auf Dessertschälchen anrichten.

Mascarpone - Beeren - Schicht

Zutaten für 6 Personen:

150 g Naturjoghurt
200 g Mascarpone
200 g Sahne
2 EL Zucker
100 g Spekulatius
2 EL Zitronensaft
300 g gemischte Beeren (frisch oder TK)

Zubereitung:

- Beeren mit 1 EL Zitronensaft fein pürieren.
- Mascarpone, Joghurt, Zucker und 1 EL Zitronensaft verrühren.
- Sahne steif schlagen.
- Steife Sahne unter die Mascarponecreme heben.
- Spekulatius fein zerbröseln.
- Die halbe Crememenge auf 6 Dessertgläser verteilen.
- Spekulatiusbrösel auf die Creme geben.
- Beerenpüree auf die Brösel schichten.
- Als letzte Schicht die restliche Creme einfüllen.
- Mit Beeren und Spekulatiusstückchen garnieren.
- Mindestens zwei Stunden kalt stellen.

Mascarpone - Joghurt - Creme

Zutaten:

200 g Beeren
250 g Mascarpone
300 g Naturjoghurt
2 EL Amarettolikör
5 EL Zucker
1 Vanillezucker

Zubereitung:

- Beeren auf 4 Souffleförmchen verteilen.
- Amaretto über die Beeren geben.
- Mascarpone und Joghurt verrühren.
- Dabei Vanillezucker und 3 EL Zucker einrieseln lassen.
- Beeren mit der Creme vollständig bedecken.
- Je einen halben Esslöffel Zucker auf die Creme geben.
- Im Backofen (Grill) den Zucker bei 200° C etwa fünf Minuten leicht karamellisieren lassen.
- Sofort servieren.

Mokka - Mousse

Zutaten für 6 Personen:

50 ml Espresso (kalt)
750 g Mascarpone
100 g Zucker
4 Eigelb
200 g Sahne
4 EL Cognac
2 EL Kakaopulver
Schokokaffeebohnen

Zubereitung:

- Cognac, Zucker und Eigelb cremig rühren.
- Mascarpone unterrühren.
- Sahne steif schlagen.
- Steife Sahne unter die Creme heben.
- Ein Drittel der Creme beiseite nehmen.
- Kakao und Espresso unter die Restcreme rühren.
- Beides etwa eine Stunde kühl stellen.
- Die braune Creme in Dessertgläser (Rotweingläser) füllen.
- Weiße Creme auf die braune Creme geben.
- Mit Schokokaffeebohnen garnieren.

Orangen - Creme auf Himbeeren

Zutaten für 4 – 5 Personen:

300 g Himbeeren
200 g Schlagsahne
100 g Puderzucker
1 Päckchen Vanillezucker
300 g Naturjoghurt
2 Orangen
20 g Fertiggelatine / Sofortgelatine

Zubereitung:

- Orangen auspressen.
- Joghurt mit ¾ Orangensaft verrühren.
- Gelatinepulver und 75 g Puderzucker vermischen.
- Mischung unter den Joghurt rühren.
- Etwas angelieren lassen.
- Sahne steif schlagen.
- Steife Sahne unter die Joghurtcreme heben.
- Restzucker, Restsaft und Vanillezucker vorsichtig mit den Himbeeren vermischen.
- Beeren auf Dessertschälchen verteilen.
- Joghurtcreme auf die Beeren geben.
- Mit Himbeerstückchen garniert servieren.

Pflaumen - Pfirsich - Joghurtcreme

Zutaten:

250 g Pflaumen
250 g Pfirsiche
1 Apfelsine
2 Päckchen Vanillezucker
1 TL Zitronensaft
1 TL Zimt
250 g fettarmer Vanille - Joghurt
15 g Fertiggelatine / Sofortgelatine

Zubereitung:

- Pflaumen und Pfirsiche entsteinen und in kleine Stücke schneiden.
- Saft aus der Apfelsine pressen (70 ml).
- Apfelsinensaft, Pflaumen, Zucker, Zitronensaft und Zimt in einem Topf zum Kochen bringen.
- Etwa 3 Minuten kochen lassen.
- Pfirsiche zugeben und eine Minuten mitkochen.
- Alles im Mixer (oder mit Pürierstab) pürieren.
- Gelatine in den Joghurt einrühren.
- Obstpüree mit dem Joghurt verrühren.
- In Dessertschälchen füllen und kalt stellen.
- Gekühlt servieren.

Pistazien - Creme

Zutaten:

20 g gehackte Pistazien
4 Eigelb
400 g Naturjoghurt
100 g Zucker
200 ml Milch
2 cl Rum
Früchte zum Garnieren
30 g Fertiggelatine/Sofortgelatine

Zubereitung:

- Pistazien fein mahlen.
- Die Milch aufkochen lassen.
- Pistazien einrühren.
- Pistazienmilch abkühlen lassen.
- Zucker mit Gelatinepulver mischen.
- Eigelb mit der Zucker - Gelatinemischung im heißen Wasserbad aufschlagen.
- Die abgekühlte Pistazienmilch und den Rum unterrühren.
- Joghurt unter die Creme heben.
- Creme in Dessertschälchen füllen.
- Mindestens 2 Stunden im Kühlschrank kühlen lassen.
- Vor dem Servieren mit Früchten nach Wahl garnieren.

Quark - Frischkäse - Creme

Zutaten für 5 - 6 Personen:

250 g Sahnequark
200 g Frischkäse
200 g Schlagsahne
400 g Erdbeeren
50 g Butterkekse
2 Päckchen Vanillezucker
10 g Fertiggelatine / Sofortgelatine

Zubereitung:

- Die Butterkekse fein zerbröseln.
- Ein paar Erdbeeren für die Garnierung beiseitelegen.
- Restliche Erdbeeren pürieren.
- Quark, Frischkäse und Erdbeerpüree verrühren.
- Vanillezucker, 5 g Gelatine und Keksbrösel unterrühren.
- Sahne mit Restgelatine steif schlagen.
- Steife Sahne unter die Quarkmasse heben.
- Mindestens eine Stunde kalt stellen.
- Mit den Erdbeeren garniert servieren.

Quarkspeise mit Früchten

Zutaten für 5 – 6 Personen:

500 g Sahnequark
100 g saure Sahne
100 g Schmand
3 Päckchen Vanillezucker
75 g Zucker
3 EL Amaretto
3 Bananen
80 g kernlose Weintrauben
1 Dose Mandarinen
Saft einer halben Zitrone

Zubereitung:

- Mandarinen abtropfen lassen.
- Quark, Schmand und saure Sahne verrühren.
- Zucker, Vanillezucker und Mandarinen unterrühren.
- Zwei Bananen mit dem Amaretto und Zitronensaft pürieren.
- Dritte Banane in Scheiben schneiden.
- Weintrauben halbieren.
- Püree, Bananenscheiben und Trauben unter den Quark heben.
- Quark in Dessertschälchen füllen.
- Eine Stunde kühl stellen.
- Mit Obststückchen garniert servieren.

Ricottacreme mit Brombeeren

Zutaten:

250 g Ricotta
250 g Magerquark
300 g Schlagsahne
1 Päckchen Sahnesteif
200 g Brombeeren
70 g Amarettinikekse
80 g Zucker
1 EL Zitronensaft
2 EL Amarettolikör

Zubereitung:

- Sahne mit Sahnesteif steif schlagen.
- Amarettini zerbröseln.
- Brombeeren je nach Größe halbieren oder vierteln.
- Quark, Ricotta, Amaretto, Zucker und Zitronensaft verrühren.
- Keksbrösel unter die Creme heben.
- Sahne und Brombeeren ebenfalls vorsichtig unterheben.
- Creme in Dessertschälchen geben.
- Mindestens eine Stunde kühl stellen.
- Mit Brombeeren und Amarettini verziert servieren.

Schoko - Crossies - Creme

Zutaten für 5 - 6 Personen:

100 g Schoko - Crossies
250 g Himbeeren
200 g Himbeergelee
300 g Schlagsahne
200 g Schmand
50 g Zucker
1 Päckchen Vanillezucker

Zubereitung:

- Gelee glatt rühren.
- Etwa 200 g Himbeeren vorsichtig unterrühren.
- Schmand, Vanillezucker und Zucker cremig rühren.
- Sahne steif schlagen.
- Steife Sahne unter die Schmandcreme heben.
- Schoko – Crossies auf Dessertschälchen verteilen.
- Ein paar zur Verzierung beiseitelegen.
- Die Himbeeren mit Gelee auf die Schoko – Crossies geben.
- Schmand – Sahnecreme ebenfalls einfüllen.
- Restliche Schoko – Crossies leicht zerbröseln.
- Brösel und restliche Himbeeren auf die Schälchen verteilen.

Schokocreme schwarz - weiß

Zutaten Creme für 5 - 6 Personen:

100 weiße Schokolade
250 g Joghurt
300 g Sahne
150 ml Milch
60 g Zucker
2 Vanilleschoten
30 g Fertiggelatine / Sofortgelatine

Zutaten Soße:

125 ml Milch
100 g Sahne
75 g Butter (weich)
150 g dunkle Kuvertüre

Zubereitung:

- Für die Creme das Mark aus den Vanilleschoten kratzen.
- Mark zusammen mit der Milch und dem Zucker erhitzen.
- Schokolade hacken.
- Gehacktes in der Milch auflösen.
- Etwas abkühlen lassen.
- Halbe Gelatinemenge unter den Joghurt rühren.
- Sahne mit Restgelatine steif schlagen.
- Abgekühlte Schokomilch und Joghurt verrühren.
- Die Sahne unterheben.
- Creme mindestens 4 Stunden im Kühlschrank kühl stellen.

- Für die Soße die Kuvertüre klein hacken.
- Sahne und Milch kurz zum Kochen bringen.
- Gehacktes unterrühren und auflösen.
- Schokomilch langsam mit der Butter verrühren.
- Mit einem großen Löffel 6 Portionen Creme abstechen.
- Abgestochenes auf Dessertteller geben.
- Zum Anrichten die warme Soße über die Creme gießen.

Schokoladen - Joghurt - Creme

Zutaten:

100 g weiße Schokolade
150 g Naturjoghurt
200 g Brombeeren (Himbeeren)
200 g Schlagsahne
1 Päckchen Sahnesteif
Schokoraspeln

Zubereitung:

- Die Schokolade klein schneiden.
- In einer Schüssel im heißen Wasserbad schmelzen lassen.
- Sahne mit Sahnesteif schlagen.
- In die steif geschlagene Sahne die flüssige Schokolade einrühren.
- Den Joghurt unterheben.
- Obst ebenfalls unterheben.
- Creme in Dessertschälchen füllen und kalt stellen.
- Vor dem Servieren mit Schokoraspeln verzieren.

Spekulatius - Mascarpone - Creme

Zutaten:

150 g Sahne
125 g Sahnequark
125 g Mascarpone
65 g Zucker
1 Päckchen Vanillezucker
200 g Himbeeren oder Erdbeeren
125 g Spekulatius
Puderzucker

Zubereitung:

- Spekulatius in kleine Stückchen zerbrechen.
- Mascarpone, Quark, Zucker und Vanillezucker verrühren.
- Die Sahne steif schlagen.
- Etwa 100 g der Sahne unter die Mascarponemischung heben.
- Creme, Spekulatius und Himbeeren abwechselnd in mehrere Schichten in die Nachtischgläser verteilen.
- Zum Schluss die restliche Sahne als Zierde oben drauf geben.
- Mit je einer Himbeere / Erdbeere oben abschließen.
- Creme etwa 2 Stunden kalt stellen.
- Vor dem Servieren mit etwas Puderzucker überstreuen.

Tiramisu - Mascarpone - Parfait

Zutaten für 6 Personen:

250 g Mascarpone
200 g Schlagsahne
3 Eier
1 Vanilleschote
120 g Puderzucker
6 EL Tiramisu - Soße (Fertigprodukt aus der Flasche)

Zubereitung:

- Mark aus der Vanilleschote kratzen.
- Eier, Puderzucker und Vanillemark im heißen Wasserbad ca. 5 Minuten cremig schlagen.
- Sahne und Mascarpone gut verrühren.
- Mascarponesahne unter die Eiercreme heben.
- Parfait auf 6 Förmchen verteilen.
- Je 1 EL Soße über das Parfait laufen lassen.
- Mindestens 4 Stunden im Gefrierschrank kühlen.
- 10 Minuten vor dem Servieren herausnehmen.
- Förmchen kurz in heißes Wasser tauchen und auf Dessertteller stürzen.
- Mit einem Sahnetupfer verzieren.

Tiramisu mit Spekulatius

Zutaten für 6 – 8 Personen:

200 g Gewürzspekulatius
250 g Mascarpone
250 g Sahnequark
200 g Schlagsahne
100 g Zucker
300 g Beeren (frisch oder TK)
1 Päckchen Vanillezucker

Zubereitung:

- Spekulatius fein zerbröseln.
- Die Sahne steif schlagen.
- Quark, Mascarpone, Zucker und Vanillezucker gut verrühren.
- Sahne unterheben.
- Halbe Crememenge in Dessertgläser (Whiskygläser) füllen.
- Beeren auf die Creme geben.
- Die Hälfte Spekulatiusbrösel aufstreuen.
- Restcreme vorsichtig auf der Bröselschicht verteilen.
- Restbrösel als Deckschicht aufstreuen.
- Mindestens vier Stunden kühl stellen.
- Mit Beeren garniert servieren.

Vanille - Mousse mit Birnen

Zutaten:

2 Birnen
500 ml Wasser
75 ml Weißwein
70 g Zucker
20 g Fertiggelatine / Sofortgelatine
4 Eigelb
250 ml Milch
2 Vanillestangen
Sahne, Zimtpulver

Zubereitung:

- Wasser, 20 g Zucker und Wein aufkochen lassen.
- Birnen vierteln und ins Weinwasser geben.
- Etwa 10 Minuten zugedeckt dünsten.
- Weinwasser wegschütten (oder trinken).
- Fünf Birnenviertel pürieren.
- Restbirnen in kleine Würfel schneiden.
- Das Mark aus den Vanillestangen schaben.
- Milch mit den leeren Stangen erhitzen.
- Hitzige Milch abkühlen lassen.
- Vanillemark, Restzucker und Eigelb in heißem Wasserbad schaumig schlagen.
- Milch ohne Vanillestangen in den Schaum rühren.
- Gelatinepulver ebenfalls unterrühren.
- Alles schlagen, bis die Creme etwas andickt.
- Birnenpüree einrühren.
- Birnenstücke auf vier Dessertgläser verteilen.
- Mousse über die Birnenstücke geben.
- Mindestens 3 Stunden im Kühlschrank kalt stellen.
- Mit Sahnetupfer und Zimt garniert servieren.

Waldbeeren - Tiramisu

Zutaten:

250 g Amarettini (italienische Mandelkekse)
500 g Waldbeeren
200 g Schlagsahne
250 g Mascarpone
250 g Sahnequark
250 g Magerquark
125 g Zucker
1 Päckchen Vanillezucker
30 g Sofortgelatine / Fertiggelatine
150 ml kalter Espresso
1 EL Kakaopulver

Zubereitung:

- Zucker, Vanillezucker und Gelatinepulver vermischen.
- Zusammen mit Mascarpone und dem Quark verrühren.
- Sahne steif schlagen.
- Steife Sahne unter die Creme heben.
- Die Hälfte der Amarettini in eine Form legen.
- Amarettini mit der halben Espressomenge beträufeln.
- Halbe Quarkmenge auf die Amarettini streichen.
- Von den Beeren die Hälfte auf die Creme legen.
- Restliche Amarettini auf die Beeren legen.
- Mit restlichem Espresso beträufeln.
- Restcreme aufstreichen.
- Die restlichen Waldbeeren auf die Creme geben.
- Mindestens 3 Stunden im Kühlschrank kalt stellen.
- Mit dem Kakaopulver bestäubt servieren.

Muffins

immer noch rund und lecker

Kiwi - Kokos - Muffins

Zutaten:

110 g Mehl
110 g Vollkornmehl
1 Ei
110 g Rohrzucker
1 Päckchen Vanillezucker
2 Kiwis
190 g Naturjoghurt
60 g Kokosraspeln
75 ml Sonnenblumenöl
1 Päckchen Backpulver
½ TL Natron
1 Messerspitze Zimt

Zubereitung:

- Kiwis in kleine Stückchen schneiden.
- Mehl, Vollkornmehl, Backpulver, Natron vermischen.
- Kokosraspeln und Zimt untermischen.
- Das Ei schaumig schlagen.
- Zucker, Vanillezucker, Joghurt und Öl unterrühren.
- Mehlmischung unter die Joghurtmasse rühren.
- Kiwistücke unter den Teig heben.
- Teig auf 12 Muffinförmchen verteilen.
- Bei 200° C etwa 20 - 25 Minuten backen.
- In den Förmchen auf einem Gitter abkühlen lassen.

Muffins - Schwarz - Weiß

Zutaten:

250 g Mehl
125 g Zucker
125 g weiche Butter
2 Eier
2 TL Backpulver
1 Päckchen Vanillezucker
1 Prise Salz
6 EL Milch
1 TL Rum
4 EL Kakaopulver (Kakaoschicht)
2 EL Zucker (Kakaoschicht)
3 EL Milch (Kakaoschicht)

Zubereitung:

- Die Eier schaumig schlagen.
- Butter, Milch, Zucker, Vanillezucker und Rum mit dem Eierschaum verrühren.
- Mehl, Backpulver und Salz vermischen.
- Mischung mit der Eiercreme glattrühren.
- Teig in drei Teile teilen.
- Kakao, Zucker und Milch für die Kakaoschicht verrühren.
- In ein Drittel des hellen Teigs einrühren und dunkel „färben"
- Vom hellen Teig ein Drittel in 12 Muffinförmchen füllen.
- Dann den dunklen Teig darauf verteilen.
- Zum Schluss den restlichen hellen Teig einfüllen.
- Bei 200° C etwa 15 - 20 Minuten backen.
- Fertig gebackene Muffins abkühlen lassen.

Kuchen & Torten

mit vielen leckeren Zutaten

Apfel - Minze - Baiser - Kuchen

Zutaten Boden:

130 g Butter
250 g Mehl
1 Eigelb
30 g Zucker

Zutaten Belag:

1,5 kg Äpfel
50 ml Apfelsaft
2 Päckchen Vanillezucker
4 Stiele Minze
Saft von einer Zitrone

Zutaten Baiser:

3 Eiweiß
75 g Zucker
2 EL Zitronensaft

Zubereitung:

- Für den Boden alle Teigzutaten verkneten.
- Teig in eine gefettete Tarteform (oder Springform) drücken.
- Mit einer Gabel mehrfach einstechen.
- Etwa eine Stunde kühl stellen.
- Für den Belag die Minzeblätter fein hacken.
- Die Äpfel schälen und in kleine Stückchen schneiden.
- Apfelsaft, Zitronensaft und Vanillezucker verrühren.
- Zusammen mit den Apfelstücken in einen Topf geben.
- Etwa 10 Minuten dünsten.

- Die Minze unter das Apfelkompott rühren.
- Auskühlen lassen.
- Ausgekühltes auf dem Kuchenboden verteilen.
- Bei 200° C etwa 25 Minuten backen.
- Eiweiß für das Baiser steif schlagen.
- Dabei den Zucker und den Zitronensaft zugeben.
- Die Baisermasse auf dem Kuchen verteilen.
- Noch einmal bei 225° C etwa 6 – 8 Minuten backen.
- Das Baiser sollte leicht angebräunt sein.

Apfel - Bienenstich - Kuchen

Zutaten:

200 g Mehl
225 g Zucker
½ Päckchen Backpulver
5 EL Zitronensaft
275 g Butter
50 g Speisestärke
1 Päckchen Vanillezucker
3 Eier
2 EL Honig
1 Prise Salz
1 kg Boskop – Äpfel
150 g Mandelstifte
8 EL Milch

Zubereitung:

- Äpfel schälen, vierteln und entkernen.
- Die Außenfläche mehrfach einschneiden.
- Sofort mit dem Zitronensaft besprühen.
- Eier, 175 g Butter und 125 g Zucker schaumig rühren.
- Mehl, Stärke, 4 EL Milch, Salz und Backpulver gut unterrühren.
- Teig in eine gefettete Springform geben.
- Die Äpfel gleichmäßig darauf verteilen.
- Bei 175° C etwa 20 Minuten backen.
- Vanillezucker, Honig, Restzucker, Restbutter und die Mandeln aufkochen lassen.
- Restmilch unterrühren.
- Die Masse als Haube auf den vorgebackenen Kuchen geben.
- Kuchen noch einmal ca. 30 Minuten weiter backen.

Apfel - Blaubeer - Kuchen

Zutaten:

2 - 3 Äpfel
150 g Blaubeeren
5 Eier
360 g Mehl
300 g Margarine
240 g Zucker
120 g Speisestärke
1 Päckchen Backpulver
1 Prise Salz

Zubereitung:

- Äpfel in kleine Stücke schneiden.
- Die Eier trennen.
- Zucker, Margarine, Eigelb und Salz schaumig rühren.
- Backpulver, Mehl und Speisestärke vermischen.
- Mischung mit dem Zuckerschaum gut verrühren.
- Eiweiß steif schlagen.
- Ebenfalls unter die Teigmasse verrühren.
- Zum Schluss die Apfelstücke untermischen.
- Den Teig auf ein gefettetes Backblech verstreichen.
- Die Blaubeeren darauf verteilen.
- Bei 180° C etwa 35 – 40 Minuten backen.
- Kuchen auskühlen lassen.
- Vor dem Servieren mit etwas Zucker überstreuen.

Apfel - Mandel - Torte

Zutaten Tortenboden:

130 g weiche Butter
110 g Mehl
100 g gemahlene Mandeln
2 Eier
1 TL Backpulver
60 ml Milch
130 g Zucker

Zutaten Belag:

800 g Äpfel
500 g Schlagsahne
140 g Zucker
600 g Sahnequark
50 g Fertiggelatine / Sofortgelatine
100 g Amarettini – Kekse
125 ml Apfelsaft
20 g gehackte Mandeln

Zubereitung:

- Für den Boden Butter, Eier und Zucker verrühren.
- Mehl, Mandeln und Backpulver vermischen.
- Mischung mit der Milch unter die Buttermasse rühren.
- Teig in eine gefettete Springform füllen.
- Bei 175° C etwa 35 Minuten backen.
- Für den Belag Äpfel schälen und klein schneiden.
- Mit 70 g Zucker und dem Saft ca. 5 Minuten dünsten.
- Quark mit 30 g Gelatine und Restzucker verrühren.
- Sahne mit Restgelatine steif schlagen.

- Zusammen mit dem abgekühlten Apfelkompott unter den Quark heben.
- Um den Tortenboden einen Tortenring legen.
- Die halbe Quarkcreme auf den Boden geben.
- Etwa 70 g Amarettini darauf verteilen.
- Restcreme einfüllen.
- Mindestens 4 Stunden im Kühlschrank kühlen.
- Mit den restlichen Amarettini und gehackten Mandeln verzieren.

Apfel - Marzipan - Kuchen

Zutaten Kuchen:

250 g Zucker
300 g Mehl
4 Eier
250 g Butter
1 Prise Salz
2 TL Backpulver
1 Päckchen Vanillezucker
4 EL Zitronensaft
200 g Marzipanrohmasse
4 Äpfel

Zutaten Schmandguss:

200 g gestiftelte Mandeln
3 Eier
200 g Schmand
Mark von 2 Vanilleschoten
Zucker

Zubereitung:

- Für den Kuchen Marzipan klein hobeln.
- Die Äpfel schälen und in dünne Scheiben schneiden.
- Zitronensaft über die Scheiben träufeln.
- Butter, Zucker, Vanillezucker, Salz und Marzipan gut verrühren.
- Eier nach und nach unterrühren.
- Mehl und Backpulver vermischen.
- Mischung unter die Creme rühren.
- Ein Backblech fetten und mit Mehl bestäuben.
- Teig auf das Backblech geben und glatt streichen.

- Apfelscheiben auf dem Teig verteilen.
- Mit etwas Zucker überstreuen.
- Bei 175° C etwa 30 Minuten backen.
- Für den Schmandguss Vanillemark, Schmand und Eier verrühren.
- Guss gleichmäßig über den Kuchen geben.
- Mandelstifte überstreuen und leicht andrücken.
- Noch einmal mit 175° C etwa 20 – 25 Minuten backen.
- Kuchen nach dem Backen mit etwas Zucker bestreuen.
- Bestreuten Kuchen auskühlen lassen.

Apfelkuchen mit Karamell

Zutaten:

1,5 kg saure Äpfel
400 g Mehl
250 g Butter
350 g Zucker
5 Eier
¼ l Milch
50 g Speisestärke
2 TL Backpulver
1 Eigelb
200 g ungesalzene Erdnüsse
1 Vanilleschote
3 EL Zitronensaft
1 Prise Salz

Zubereitung:

- Mark aus der Vanilleschote kratzen.
- Zusammen mit der Milch erhitzen.
- In einem Topf 50 g Zucker schmelzen.
- Vanillemilch unter den Zucker rühren.
- Aufkochen und abkühlen lassen.
- Eigelb, 50 g Zucker mit den 2 Eiern verrühren.
- Eierzucker zur Milch geben.
- Bei schwacher Hitze cremig rühren (nicht kochen).
- Creme abkühlen lassen.
- Die Äpfel schälen und in Scheiben schneiden.
- Scheiben mit dem Zitronensaft mischen.
- Butter, 200 g Zucker, Salz und die restlichen Eier schaumig rühren.
- Mehl, Backpulver und Stärke mischen.

- Zusammen mit der Karamellcreme gut verrühren.
- Teig auf ein gefettetes Backblech geben.
- Die Äpfel auf den Teig legen.
- Erdnüsse klein hacken.
- Zusammen mit dem Restzucker über die Äpfel streuen.
- Bei 175° C etwa 50 Minuten backen.

Apfelkuchen vom Blech

Zutaten:

1 kg Äpfel
375 g Mehl
250 g weiche Butter
250 g Zucker
3 Eier
200 ml Milch
1 Päckchen Backpulver
2 Päckchen Vanillezucker
50 g Mandelsplitter (Mandelblättchen)
1 Prise Salz
1 TL Zimt

Zubereitung:

- Mehl, Backpulver und Salz vermischen.
- Butter, 200 g Zucker und Vanillezucker verrühren.
- Die Eier unterrühren.
- Dann die Mehlmischung nach und nach unterrühren.
- Milch zugeben um den Teig aufzulockern.
- Zum Schluss einen halben Teelöffel Zimt einrühren.
- Teig auf ein gefettetes Backblech streichen.
- Äpfel schälen und in Scheiben schneiden.
- Scheiben auf dem Teig verteilen.
- Restlichen Zucker und Zimt mit Mandeln vermischen.
- Mischung über die Äpfel streuen.
- Bei 200° C etwa 40 Minuten backen.

Apfeltarte mit Himbeergelee

Zutaten Tarteboden:

220 g Mehl
60 g Zucker
110 g Butter (gewürfelt)
1 EL Apfelsaft

Zutaten Belag:

2 mittelgroße Äpfel
Saft von einer Zitrone
½ TL Zimt
120 g Naturjoghurt
150 ml Milch
1 Päckchen backfeste Puddingcreme (Vanille)
20 g Zucker
50 g gestiftelte Mandeln
100 g Himbeergelee

Zubereitung:

- Alle Tartebodenzutaten gut verkneten.
- In Folie gewickelt eine Stunde im Kühlschrank kühlen.
- Für den Belag die Äpfel schälen, entkernen und in Scheiben schneiden.
- Die Scheiben mit Zitronensaft und Zimt vermischen.
- Eine Tarteform fetten und mit dem Teig auslegen.
- Puddingpulver, Zucker, Joghurt, Milch verrühren.
- Creme auf den Tarteboden streichen.
- Puddingcreme mit den Apfelscheiben belegen.
- Die Mandelstifte über die Äpfel streuen.
- Bei 200° C etwa 40 Minuten backen.
- Gelee erwärmen und auf die warme Tarte streichen.

Baumkuchen mit Kiwi

Zutaten:

75 g Speisestärke
6 kleine Eier
125 g Mehl
200 g Zucker
1 Päckchen Vanillezucker
1 Kiwi
300 g Sahne
250 g Himbeeren
1 Prise Salz
10 g Fertiggelatine / Sofortgelatine
Braune Kuvertüre

Zubereitung:

- Die Eier trennen.
- Das Eiweiß steif schlagen.
- Dabei die Prise Salz und 75 g Zucker einrieseln lassen.
- Restzucker, Vanillezucker und Eigelb mit 2 EL Wasser schaumig rühren.
- Mehl und Speisestärke vermischen.
- Mischung unter die Eiercreme rühren.
- Eischnee gleichmäßig unterheben.
- Ein Backblech mit Bachpapier auslegen.
- Teig einfüllen und glatt streichen.
- Bei 180° C etwa 30 Minuten backen.
- Boden etwas abkühlen lassen.
- Das Backpapier entfernen.
- Mit einer Papierschablone vorsichtig zwei identische Bäume aus dem Biskuitboden schneiden.
- Die Himbeeren fein pürieren.
- Sahne mit Gelatinepulver steif schlagen.

- Himbeerpüree unter die Sahne heben.
- Zwei Drittel der Creme auf einen Baum streichen.
- Den zweiten Baum auflegen und andrücken.
- Die Restcreme auf dem „Blätterbereich" und am Rand verstreichen.
- Kiwi schälen und in sehr dünne Scheiben schneiden.
- Scheiben als Blattwerk auf die Creme legen.
- Mindestens 3 Stunden im Kühlschrank kalt stellen.
- Danach den Stamm mit der Kuvertüre braun streichen.

Schablone je nach Backblech vergrößern. Ausschneiden wie im kleinen Bild zu sehen ist. Natürlich ist auch ein Baum in Backblechgröße möglich. Dann müssen alle Zutaten verdoppelt werden und zwei Biskuitböden gebacken werden.

Bananen - Milchschnitten - Torte

Zutaten:

20 Milchschnitten
250 g Magerquark
250 g Sahne
1 Päckchen Vanillezucker
80 g Zucker
30 g Fertiggelatine / Sofortgelatine
3 Bananen

Zubereitung:

- Eine Tortenplatte mit Milchschnitten auslegen.
- Tortenring auf etwa 25 cm einstellen.
- Den Ring auf die Milchschnitten legen.
- Überstehende Schnitten abschneiden.
- Etwa 4 – 5 Milchschnitten längs und quer halbieren.
- Als Rand an den Tortenring stellen.
- Bananen fein pürieren.
- Sahne mit 15 g Gelatine steif schlagen.
- Quark mit Zucker, Vanillezucker, Bananenpüree und Restgelatine verrühren.
- Die steif geschlagene Sahne unterheben.
- Creme auf dem Boden verteilen und glatt streichen.
- Torte mindestens 3 Stunden im Kühlschrank kaltstellen.
- Verzierungen nach Lust, Laune oder Anlass aufbringen.

Becherkuchen

Zutaten Tortenboden:

1 Becher Sahne (200 g)
1 Päckchen Vanillezucker
1 Becher Mehl (Sahnebecher)
3 TL Backpulver
1 Becher Zucker
4 Eier

Zutaten Belag:

1 Becher Zucker
2 EL Milch
125 g Butter
2 Päckchen Vanillezucker
125 g Mandelstifte

Zubereitung:

- Für den Boden die Sahne mit Zucker und Vanillezucker kräftig aufschlagen.
- Mehl mit Backpulver vermischen.
- Mischung und die Eier unter die Sahne rühren.
- Teig auf ein gefettetes Backblech geben.
- Bei 200° etwa 15 Minuten backen.
- Für den Belag die Butter, den Zucker, die Mandelstifte und die Milch erhitzen.
- Wenn der Zucker leicht karamellisiert ist, die Masse auf den vorgebackenen Kuchen geben.
- Bei 200° noch etwa 10 – 15 Minuten weiter backen.

Der leere Sahnebecher ist das Maß für Mehl und Zucker.

Beeren - Grieß - Kuchen

Zutaten:

120 g Hartweizengrieß
300 g Heidelbeeren (TK)
475 ml Milch
6 Gewürznelken
50 g Butter
70 g Zucker
2 Päckchen Vanillezucker
3 Eier
2 EL Zitronensaft
Paniermehl

Zubereitung:

- Milch mit den Nelken aufkochen lassen.
- Aufgekochte Milch vom Herd nehmen.
- Nelken entfernen.
- Den Grieß einrühren und quellen lassen.
- Die Eier trennen.
- Eiweiß steif schlagen.
- Zucker, Vanillezucker und Butter cremig rühren.
- Eigelb und Zitronensaft unterrühren.
- Gequollenen Grieß einrühren.
- Nicht aufgetaute Beeren und den Eischnee unterheben.
- Eine Springform einfetten.
- Gefettete Form mit Paniermehl ausstreuen.
- Teig in die Form geben und glatt streichen.
- Bei 180° C etwa 60 Minuten backen.

Beeren - Käsekuchen

Zutaten:

600 g Heidelbeeren
650 g Magerquark
500 g Frischkäse
200 g Mehl
250 g Zucker
130 g Butter
50 g Honig
2 Eigelb
5 Eier
200 g Sahne
1 Päckchen Vanillezucker
2½ Päckchen Vanillepuddingpulver
10 g Fertiggelatine / Sofortgelatine

Zubereitung:

- Mehl, Eigelb, Butter und Honig glatt verkneten.
- Etwa 30 Minuten kalt ruhen lassen.
- 500 g Beeren fein pürieren.
- Püree mit Zucker, Quark, Frischkäse, Puddingpulver und den Eiern verrühren.
- Geruhten Teig in eine Springform drücken (rollen).
- Beerenkäse gleichmäßig aufstreichen.
- Bei 170° C etwa 90 Minuten backen.
- Kuchen abkühlen lassen.
- Sahne mit Vanillezucker und Gelatinepulver steif schlagen.
- Steife Sahne auf den Kuchen streichen.
- Restliche Beeren als Verzierung auf die Sahne legen.

Beerentorte

Zutaten Tortenboden:

150 g Mehl
100 g Butter
50 g Zucker
4 Eier
1 TL Backpulver
1 Prise Salz
2 EL Rum

Zutaten Belag:

500 g Beeren (z.B. Johannisbeeren)
250 g Magerquark
250 g Sahnejoghurt
50 g Zucker
1 Päckchen Vanillezucker
1 Päckchen Sahnesteif

Zubereitung:

- Für den Tortenboden die Eier trennen.
- Eiweiß mit dem Salz steif schlagen.
- Die Butter schmelzen lassen.
- Eigelb, Rum und Zucker schaumig rühren.
- Butter unterrühren.
- Mehl mit Backpulver vermischen.
- Mischung unter die Eiercreme rühren.
- Eischnee unterheben.
- Teig in eine gefettete Springform geben.
- Halbe Beerenmenge vorsichtig in den Teig drücken.
- Bei 180° C etwa 25 Minuten backen.

- Tortenboden völlig auskühlen lassen.
- Alle Belagzutaten (bis auf die Beeren) gut verrühren.
- Dann erst die restlichen Beeren vorsichtig unterheben.
- Belag auf den Tortenboden streichen.
- Etwa eine Stunde kühl stellen.
- Mit Beeren verziert servieren.

Birnen - Sahne - Torte

Zutaten Böden:

200 g weiche Butter
200 g Mehl
230 g brauner Zucker
4 Eier
1½ TL Backpulver
160 g Schokolade
35 g Sahne

Zutaten Creme:

800 g Schlagsahne
1 große Dose Birnenhälften
50 g Sofortgelatine / Fertiggelatine
Saft einer halben Zitrone
5 EL Johannisbeerenkonfitüre
gehackte Pistazienkerne

Zubereitung:

- Für die Böden die Schokolade raspeln.
- Mehl und Backpulver vermischen.
- Eier und Sahne verrühren.
- Zucker, Butter und Raspel in 100 ml Wasser erhitzen und schmelzen.
- Die Eiersahne unterrühren.
- Alles mit der Mehlmischung verrühren.
- Teig in eine gefettete Springform füllen.
- Bei 175° C etwa 35 Minuten backen.
- Nach dem Erkalten den Boden waagerecht halbieren.
- Für die Creme die Birnen gut abtropfen lassen.

- 4 Birnenhälften klein würfeln.
- Die restlichen Birnen mit dem Zitronensaft pürieren.
- 550 g Sahne mit 35 g Gelatine steif schlagen.
- Birnenpüree und Birnenwürfel unterheben.
- Um den unteren Tortenboden einen Tortenring legen.
- Boden mit der Konfitüre bestreichen.
- Birnensahne gleichmäßig einfüllen.
- Den oberen Boden auflegen.
- Etwa 4 Stunden kühl stellen.
- Restsahne mit Restgelatine steif schlagen.
- Ca. ein Fünftel der Sahne in eine Tortenspritze füllen.
- Den Tortenrand und die Oberfläche mit der Sahne bestreichen.
- Sahnetupfen aufspritzen und je nach Anlass (z.B. Ostern) verzieren.
- Torte mit den Pistazien bestreuen.

Brombeer - Himbeer - Torte

Zutaten Tortenboden:

60 g Kokosflocken
230 g Mehl
150 g Butter
50 g Zucker
getrocknete Erbsen
3 Eigelb

Zutaten Belag:

300 g Brombeeren
90 g Zucker
300 g Himbeeren
3 Eiweiß
300 g Schmand
300 g Kefir
60 g Sofortgelatine / Fertiggelatine

Zubereitung:

- Für den Boden Mehl, Zucker und Kokos vermischen.
- Butter in kleinen Stückchen, Eigelb und 3 EL Wasser zugeben.
- Alles zu einem glatten Teig verkneten.
- Teig in eine mit Backpapier ausgelegte Springform drücken.
- Dabei einen 4 cm hohen Rand hochziehen.
- Teig mit einer Gabel mehrfach einstechen.
- Etwa 30 Minuten kühl stellen.
- Danach zum Blindbacken ein Backpapier auflegen.
- Mit den Erbsen beschweren.
- Bei 200° C 25 Minuten backen.

- Dann Papier entfernen und 5 Minuten weiterbacken.
- Auskühlen lassen.
- Ein paar Brombeeren für die Garnierung zurücklegen.
- Restliche Brombeeren und Himbeeren pürieren.
- Mit Schmand, Kefir, Zucker und Gelatine verrühren.
- Eiweiß steif schlagen und unterheben.
- Boden auf eine Tortenplatte legen.
- Creme auf dem Boden (Tortenboden!!!) verstreichen.
- Mit Brombeeren verzieren.
- Mindestens 4 Stunden im Kühlschrank kühlen.

Erdbeer – Baiser – Torte

Zutaten:

600 g Erdbeeren
250 g Mehl
150 g Zucker
600 ml Milch
3 Eier
140 g weiche Butter
70 g Puderzucker
1,5 Päckchen Vanillepuddingpulver
2 TL Backpulver
3 Tropfen Butter – Vanille – Aroma
10 g Sofortgelatine / Fertiggelatine

Zubereitung:

- Die Eier trennen.
- Eigelb, Puderzucker, Vanillearoma und Butter cremig rühren.
- Mehl und Backpulver vermischen.
- Mischung unter die Eiercreme rühren.
- Teig auf den Boden einer gefetteten Springform drücken.
- Mehrmals mit einer Gabel einstechen.
- Bei 180° C 15 Minuten backen.
- Danach etwas abkühlen lassen.
- Puddingpulver mit 2 EL Zucker und der Milch nach Packungsanweisung zu einem Pudding kochen.
- Etwa 100 g Erdbeeren pürieren.
- Den Rest Erdbeeren halbieren.
- Den etwas abgekühlten Pudding auf dem Teigboden verteilen.

- Mit Erdbeeren belegen.
- Dabei einen Rest Beeren für die Dekoration zurücklegen.
- Das Eiweiß steif schlagen.
- Zucker, Gelatine und Erdbeerpüree unterrühren.
- Erdbeerbaiser auf dem Kuchen verteilen.
- Etwa 15 Minuten mit 180° C fertig backen.
- Mit Erdbeeren garniert servieren.

Erdbeer - Mandel - Nuss - Torte

Zutaten Teig:

175 g Zucker
40 g Speisestärke
125 g gemahlene Nüsse
4 Eiweiß
1 EL Zitronensaft

Zutaten Belag:

500 g Erdbeeren
50 g gemahlene Mandeln
1 Päckchen Puddingpulver
400 g Schlagsahne
400 ml Milch
40 g Zucker
1 EL Pistazienkerne
75 g Mandelblättchen
15 g Sofortgelatine
2 Päckchen Sahnesteif

Zubereitung:

- Für den Teig Eiweiß steif schlagen.
- Dabei den Zucker einrieseln lassen.
- Zitronensaft, Nüsse und Speisestärke unterheben.
- In einer Springform mit Backpapier auslegen.
- Nacheinander zwei Böden bei 180° C in jeweils 15 Minuten backen.
- Für den Belag Erdbeeren putzen und halbieren.
- Tortenring (Springformrand) um einen ausgekühlten Tortenboden legen.

- Erdbeeren darauf geben.
- Mit Pistazien und ein paar Mandelblättchen überstreuen.
- Puddingpulver mit 6 EL Milch anrühren.
- In die Restmilch Sofortgelatine, gemahlene Mandeln und Zucker einrühren.
- Milch aufkochen lassen.
- Puddingpulvermilch dazugeben und kalt rühren.
- Pudding auf die Erdbeertorte geben.
- Den zweiten Tortenboden auflegen.
- Torte mindestens eine Stunde kühl stellen.
- Die Sahne mit Sahnesteif steif schlagen.
- Die Tortenoberfläche und den Rand mit Sahne überziehen.
- Mit Erdbeeren und Mandelblättchen verziert servieren.

Erdbeerkuchen

Zutaten:

350 g Erdbeeren
300 g Naturjoghurt
50 g weiße Schokolade
300 g Mehl
220 g Zucker
100 ml Sonnenblumenöl
3 Eier
2 TL Backpulver
1 Päckchen Vanillezucker
Puderzucker

Zubereitung:

- Die Schokolade klein raspeln.
- Erdbeeren putzen, halbieren und leicht mit Mehl bestäuben.
- Joghurt und Öl vermischen.
- Zucker, Vanillezucker und Eier schaumig rühren.
- Joghurt-Öl sorgfältig unterrühren.
- Mehl und Backpulver vermischen.
- Mischung unter den Teig rühren.
- Teig in eine gefettete Springform füllen.
- Erdbeeren mit der Schnittfläche nach oben auflegen.
- Bei 180° C etwa 40 – 50 Minuten backen.
- Abkühlen lassen und mit Puderzucker bestäuben.

Erdbeer - Sahne - Torte

Zutaten:

80 g Mehl
80 g Zucker
3 Eier
1 TL Backpulver
600 g Erdbeeren
600 g Magerjoghurt
200 g Schlagsahne
5 Päckchen Vanillezucker
30 g Fertiggelatine

Zubereitung:

- Die Eier und den Zucker ein paar Minuten lang schaumig rühren.
- Mehl mit Backpulver vermischen.
- Mischung unter den Eierschaum heben.
- Teig in mit Backpapier ausgelegte Springform füllen.
- Bei 180° C etwa 25 Minuten backen.
- Tortenboden auskühlen lassen.
- Boden auf eine Tortenplatte geben.
- Den Springformrand (Tortenring) um den Boden legen.
- Erdbeeren waschen und vierteln.
- Früchte zum Verzieren zurücklegen.
- Die übrigen Erdbeeren auf den Tortenboden geben.
- Vanillezucker, halbe Gelatine und Joghurt verrühren.
- Sahne mit anderer Hälfte der Gelatine steif schlagen.
- Steife Sahne unter den Joghurt heben.
- Sahne-Joghurt über die Erdbeeren geben.
- Im Kühlschrank mindestens 3 Stunden fest werden lassen.
- Mit den übrigen Erdbeeren verziert servieren.

Erdbeertorte mit Vanillecreme

Zutaten Tortenboden:

150 g Mehl
75 g Zucker
75 g Butter
1 TL Backpulver
2 Eier
5 EL Milch
1 Päckchen Vanillezucker

Zutaten Belag:

250 ml Milch
1 Beutel Vanillecreme (zum kalt anrühren)
100 g Sahne
500 g Erdbeeren
1 Päckchen Tortenguss

Zubereitung:

- Für den Boden Butter, Eier, Vanillezucker und Zucker cremig rühren.
- Mehl mit Backpulver vermischen
- Mischung mit der Milch nach und nach unter die Eiercreme rühren.
- Teig in eine gefettete Tortenbodenform geben.
- Bei 175° C etwa 20 Minuten backen.
- Tortenboden auskühlen lassen.
- Für den Belag die Erdbeeren halbieren.
- Vanillecreme mit der Milch anrühren.
- Sahne steif schlagen.
- Steife Sahne unter die Vanillecreme heben.

- Creme auf den Tortenboden streichen.
- Erdbeeren auf die Creme setzen.
- Etwa eine Stunde kühl stellen.
- Tortenguss nach Packungsanweisung herstellen.
- Fertigen Guss über die Erdbeeren geben.
- Noch einmal kurz kühl stellen.

Ferrero - Rocher - Torte

Zutaten Teig:

80 g Butter
80 g Zucker
1 Vanillezucker
5 Eigelb
3 TL Backpulver
200 g gemahlene Nüsse
125 g Schokoladenstreusel
5 Eiweiß
2 EL Calvados

Zutaten Belag:

1½ Gläser Sauerkirschen
750 g Schlagsahne
1 Päckchen Tortenguss
4 Päckchen Sahnesteif
4 Päckchen Vanillezucker
200 g Ferrero - Rocher

Zubereitung:

- Butter mit Zucker und Eigelb schaumig rühren.
- Nach und nach Backpulver, Nüsse, Schokolade und den Calvados unterrühren.
- Eiweiß steif schlagen und unterheben.
- In einer Springform bei 175° ca. 30 Minuten backen.
- Tortenboden abkühlen lassen.
- Sauerkirschen auf dem Boden verteilen.
- Tortenguss mit dem Sauerkirschsaft zubereiten.
- Guss über die Kirschen geben.

- Sahne mit Sahnesteif und Vanillezucker steif schlagen.
- Ferrero - Rocher im Mörser zerstampfen.
- Die steife Sahne mit Ferrero - Rocher vermischen.
- Mischung über die Kirschen geben und verstreichen.
- Mindestens eine Stunde kühl stellen.

Geschichteter Beerenkuchen

Zutaten Böden:

150 g Mehl
200 g Zucker
250 g sehr weiche Butter
4 Eier
1 TL Backpulver
75 g Speisestärke
30 g Kakaopulver

Zutaten Creme:

500 g Schlagsahne
750 g Magerquark
1 Päckchen Vanillezucker
3 EL Zucker
2 Päckchen Sahnesteif
2 EL Zitronensaft
50 g Raspelschokolade
250 g Himbeeren
250 g Waldbeeren

Zubereitung:

- Für die Böden Eier, Zucker und 3 EL kaltes Wasser schaumig schlagen.
- Die weiche Butter unterrühren.
- Mehl, Backpulver, Speisestärke und Kakaopulver vermischen.
- Mischung mit dem Eier-Butter-Schaum kurz verrühren.
- Teig in eine mit Backpapier ausgelegte Springform (26 cm) füllen.

- Bei 180° C im unteren Drittel des vorgeheizten Backofens etwa 45 Minuten backen.
- Danach ohne Form auf einem Kuchengitter erkalten lassen.
- Den Boden mit Kuchendraht waagerecht in 3 Teile schneiden.
- Für die Creme den Quark mit Zucker, Vanillezucker, Zitronensaft und einem Päckchen Sahnesteif verrühren.
- Sahne mit dem zweiten Päckchen Sahnesteif steif schlagen.
- Steife Sahne und die Raspelschokolade unter die Quarkmasse heben.
- Den unteren Boden mit einem Drittel der Creme bestreichen.
- Etwa 150 g Himbeeren darauf verteilen und leicht andrücken.
- Den zweiten Boden auflegen und ebenfalls mit einem Drittel der Creme bestreichen.
- Etwa 150 g Waldbeeren darauf verteilen und leicht andrücken.
- Den oberen Boden auflegen und mit der Restcreme bestreichen.
- Mit den restlichen Beeren nach Lust und Laune, oder nach Anlass, garnieren.
- Eine Stunde kühl stellen und dann genießen.

Frischkäse - Himbeer - Torte

Zutaten:

375 g Himbeeren
60 g gehackte Mandeln
170 g Löffelbiskuits
120 g Butter
140 g Zucker
200 g Schlagsahne
600 g Frischkäse
125 g Mandarinenjoghurt
30 g Sofortgelatine / Fertiggelatine

Zubereitung:

- Löffelbiskuits fein zermahlen.
- Mit den Mandeln vermischen.
- Butter zerschmelzen lassen.
- Biskuit-Mandelmischung unter die Butter rühren.
- Auf eine Tortenplatte einen Tortenring (28 cm) stellen.
- Die Bodenmischung in die Form drücken.
- Mindestens 30 Minuten kühl stellen.
- Für den Belag Joghurt und Frischkäse verrühren.
- Etwa 125 g Himbeeren unterrühren.
- Zucker und 20 g Gelatinepulver vermischen.
- Mischung unter die Joghurt-Käsecreme rühren.
- Sahne mit der Restgelatine steif schlagen.
- Steife Sahne unter die Creme heben.
- Dünne Cremeschicht auf den Tortenboden streichen.
- Die restlichen Beeren auf der Schicht verteilen.
- Ein paar Beeren als Dekoration zurückbehalten.
- Restliche Creme auftragen und glatt streichen.
- Mit den Restbeeren dekorieren.
- Mindestens drei Stunden kalt stellen.

Götter – Obst – Torte

Zutaten:

200 g Butterkekse
80 g Butter
2 Päckchen Vanillezucker
700 g Schlagsahne
500 g Obst (Himbeeren, Erdbeeren, Rhabarber etc.)
270 g Zucker
600 g Doppelrahm-Frischkäse
1 Sahnesteif
2 Packungen Götterspeise (für je ½ l Flüssigkeit,
Geschmacksrichtung je nach Obst)

Zubereitung:

- Butterkekse klein zerbröseln.
- Die Butter schmelzen.
- Beides mit 20 g Zucker verkneten.
- Knete in eine gefettete Springform drücken.
- Etwa 30 Minuten im Kühlschrank kühl stellen.
- Obst evtl. in kleine Stücke schneiden.
- Götterspeise mit 400 ml Wasser anrühren und quellen lassen (ca. 5 Minuten).
- Die gequollene Götterspeise erhitzen (nicht kochen).
- Danach etwas abkühlen lassen.
- Von der Sahne 500 g steif schlagen.
- Frischkäse, 1 Vanillezucker und Restzucker verrühren.
- Nacheinander Götterspeise, Sahne, Obst unterheben.
- Göttercreme auf den Tortenboden geben.
- Im Kühlschrank ca. 5 Stunden kalt stellen.
- Restsahne mit Sahnesteif und einem Vanillezucker steif schlagen.
- Die Göttertorte damit verzieren (evtl. auch mit Obst).

Heidelbeer - Mandel - Kuchen

Zutaten Teig:

200 g Butter
200 g Mehl
200 g gemahlene Mandeln
200 g Zucker
2 Eier
1 Prise Salz

Zutaten Füllung:

50 g Butter
75 g Zucker
100 g gemahlene Mandeln
50 g Kokosraspeln
1 EL Zitronensaft
2 Eiweiß
1 Glas Heidelbeeren
1 Glas Preiselbeeren
50 g Waldbeeren

Zubereitung:

- Für den Teig Butter, Salz und Zucker cremig rühren.
- Mandeln und Mehl vermischen.
- Mischung und Eier unter die Buttercreme rühren.
- Teig in eine gefettete Springform streichen.
- Dabei einen Rand von 3 cm hochdrücken.
- Für die Füllung Butter, Zitronensaft und Zucker cremig rühren.
- Mandeln und Kokosraspeln vermischen.
- Mischung unter die Buttercreme rühren.

- Eiweiß steif schlagen.
- Eischnee unter die Füllungsmasse heben.
- Füllung auf den Teigboden streichen.
- Beerensorten vermischen und die Füllung damit belegen.
- Bei 200° C etwa 40 Minuten backen.

Himbeer - Creme - Torte

Zutaten Teig:

200 g Butter
200 g Mehl
200 g gemahlene Mandeln
200 g Zucker
2 Eier
1 Prise Salz

Zutaten Belag:

500 g Himbeeren
400 g Frischkäse
225 g Zucker
500 ml Sahne
2 Päckchen Vanillezucker
680 ml Johannisbeersaft (rot)
1 Päckchen Himbeer-Götterspeise
3 Päckchen Tortenguss (rot)
15 g Sofortgelatine / Fertiggelatine

Zubereitung:

- Für den Tortenboden die Eier trennen.
- Das Eiweiß mit 50 g Zucker steif schlagen.
- Eigelb, 3 EL heißes Wasser und Restzucker schaumig rühren.
- Mehl und Backpulver unterrühren.
- Eischnee unterheben.
- Alles in eine gefettete Springform füllen.
- Bei 180° C 20 Minuten backen.
- Boden auskühlen lassen.

- Für den Belag die Götterspeise mit 180 ml Saft etwa 10 Minuten quellen lassen.
- Dann mit 3 EL Zucker erhitzen und abkühlen lassen.
- Einen Tortenring um den Tortenboden legen.
- Den Boden mit 400 g Himbeeren belegen.
- Tortenguss mit dem restlichen Saft zubereiten.
- Guss gleichmäßig über die Himbeeren geben und fest werden lassen.
- Frischkäse, Restzucker, Vanillezucker und halbe Menge Gelatine verrühren.
- Sahne mit Restgelatine steif schlagen.
- Kalte Götterspeise unter die Käsecreme rühren.
- Die Sahne unterheben.
- Creme auf die Himbeerschicht streichen.
- Mindestens 4 Stunden kühlen.
- Mit den restlichen Himbeeren nach Lust, Laune oder Anlass garnieren.

Joghurt - Erdbeer - Torte

Zutaten Teig:

75 g Kartoffelmehl
75 g Mehl
150 g Butter
130 g Zucker
1 Fläschchen Zitronenaroma
3 Eier
2 TL Backpulver

Zutaten Belag:

500 g Erdbeeren
50 g Zucker
400 g Sahne
300 g Naturjoghurt
45 g Fertiggelatine / Sofortgelatine
1 Päckchen Tortenguss (rot)

Zubereitung:

- Butter, Zucker, Zitronenaroma und Eier cremig rühren.
- Backpulver, Mehl und Kartoffelmehl vermischen.
- Mischung mit der Eiercreme verrühren.
- Teig in eine mit Backpapier ausgelegte Springform geben.
- Bei 180° C etwa 25 – 35 Minuten (je nach Bräunung) backen.
- Tortenboden auskühlen lassen.
- Von den Erdbeeren 200 g klein schneiden.
- Ein Drittel Gelatinepulver mit dem Zucker vermischen.
- Mischung mit den kleinen Erdbeeren pürieren.

- Joghurt mit einem Drittel Gelatinepulver verrühren.
- Erdbeerpüree unter den Joghurt rühren.
- Sahne und Restgelatine steif schlagen.
- Steife Sahne unter die Joghurtcreme heben.
- Tortenring (Springformrand) um den Tortenboden legen.
- Creme auf den Boden geben und glatt streichen.
- Mindestens 4 Stunden im Kühlschrank kühlen.
- Restliche Erdbeeren in Scheiben schneiden.
- Scheiben gleichmäßig auf die Torte legen.
- Tortenguss nach Packungsanweisung zubereiten.
- Guss über die Erdbeeren geben.
- Torte noch einmal 45 Minuten kühl stellen.

Joghurt - Schmand - Rhabarberkuchen

Zutaten Teig:

100 g Mehl
125 g weiche Butter
100 g Zucker
25 g Speisestärke
1 Päckchen Vanillezucker
2 Eier
½ TL Backpulver
1 Prise Salz

Zutaten Belag:

3 - 4 mittlere Stangen Rhabarber
100 g Naturjoghurt
100 g Schmand
30 g Zucker
2 kleine Eier
½ TL Zimt

Zubereitung:

- Für den Teig Zucker, Vanillezucker, Butter und Eier cremig rühren.
- Mehl, Backpulver, Salz und Stärke vermischen.
- Mischung unter die Creme rühren.
- Teig in eine mit Backpapier ausgelegte Springform streichen.
- Rhabarber in dünne Stücke schneiden.
- Stücke auf dem Tortenboden verteilen.

- Bei 200° C 15 Minuten backen.
- Joghurt, Schmand, Zucker, Eier und Zimt verrühren.
- Guss über den Rhabarber gießen.
- Bei 180° C etwa 25 Minuten fertig backen.
- Evtl. mit Alufolie abdecken.

Käse - Apfel - Kuchen

Zutaten:

800 g Magerquark
220 g Zucker
110 g weiche Butter
80 g Grieß
300 g Sahne
4 Eier
1 Päckchen Vanillepuddingpulver
4 – 5 Äpfel
1 Päckchen Vanillezucker
½ Päckchen Backpulver
5 EL Rum
1 EL Zitronensaft
1 Prise Salz

Zubereitung:

- Die Eier trennen.
- Butter, Vanillezucker, Zitronensaft und Zucker cremig schlagen.
- Eigelb und Rum unterrühren.
- Grieß, Backpulver und Puddingpulver vermischen.
- Mischung unter die Creme rühren.
- Sahne steif schlagen.
- Quark und Sahne unter die Creme heben.
- Eiweiß mit dem Salz steif schlagen.
- Eischnee unter die Käsecreme heben.
- Teig in eine gefettete Springform füllen.
- Äpfel schälen und vierteln.
- Gewölbte Apfelseite mehrfach einschneiden.

- Mit dieser Seite nach oben auf dem Teig verteilen.
- Bei 180° C etwa 70 Minuten backen.
- Etwa nach der Hälfte der Backzeit mit Alufolie abdecken.
- Gebackenen Kuchen 10 Minuten im abgeschalteten Backofen lassen.
- Zum Auskühlen in der Form belassen.
- Vor dem Servieren mit Puderzucker bestäuben.

Käse - Brombeer - Kuchen

Zutaten Boden:

130 g weiche Butter
150 g Mehl
50 g Löffelbiskuits
80 g Zucker
50 g gemahlene Haselnüsse
1 Ei
1 Vanillezucker
1 Prise Salz

Zutaten Belag:

200 g Schlagsahne
150 g Zucker
2 Päckchen Vanillepudding
800 g Quark
400 g Brombeeren
1 Vanillezucker
1 EL Zitronensaft
4 Eier
Mandelblättchen

Zubereitung:

- Für den Teig das Ei trennen.
- Eigelb, Mehl, 100 g Butter, Zucker und Salz verkneten.
- In Alufolie gewickelt etwa 30 Minuten kühl stellen.
- Löffelbiskuits klein zerbröseln.
- Brösel mit Nüssen, Restbutter, Vanillezucker und Eiweiß verrühren.
- Eine Springform einfetten.

- Gekühlten Mürbeteig in die Form drücken (rollen).
- Die Nussmasse darauf verteilen und glatt streichen.
- Bei 180° C 15 Minuten vorbacken.
- Für den Belag die Eier trennen.
- Zucker, Vanillezucker, Eigelb, Zitronensaft und Puddingpulver verrühren.
- Eiweiß steif schlagen und unterheben.
- Quarkmasse auf dem vorgebackenem Teig verteilen.
- Brombeeren in die Quarkmasse drücken.
- Mandelblättchen über die Masse streuen.
- Bei 180° C 10 Minuten backen.
- Danach mit 160° C noch ca. 50 Minuten fertigbacken.

Käse – Eierlikör – Kuchen

Zutaten Teig:

200 g Magerquark
100 g Zucker
½ Päckchen Backpulver
300 g Mehl
1 Päckchen Vanillezucker
1 Ei
100 ml Sonnenblumenöl

Zutaten Belag:

600 g Magerquark
5 Eier
1 Päckchen Puddingpulver
250 ml Eierlikör
1 Päckchen Vanillezucker
150 g Zucker
60 g Mandelblättchen
60 g Rosinen

Zubereitung:

- Für den Teig Quark, Zucker, Vanillezucker, Öl und Ei verrühren.
- Backpulver und Mehl vermischen.
- Mischung unter den Quark kneten.
- Teig in eine mit Backpapier ausgelegte Springform drücken.
- Dabei einen 3 cm Rand hochziehen.
- Für den Belag die Eier trennen.
- Eiweiß steif schlagen.

- Quark, Eigelb, Eierlikör, Zucker verrühren.
- Vanillezucker und Puddingpulver unterrühren.
- Eischnee, Rosinen und Mandeln unterheben.
- Quarkmasse auf den Tortenboden geben.
- Bei 200° C etwa 45 – 55 Minuten backen.
- Falls der Kuchen zu braun wird mit Alufolie abdecken.
- Im Ofen in der Form erkalten lassen.

Käsekuchen mit Mandarinen

Zutaten Teig:

200 g Mehl
100 g Zucker
100 g Butter
½ TL Backpulver
1 EL Vanillezucker
1 Eigelb

Zutaten Belag:

500 g Schichtkäse
150 g Creme fraîche
100 g Butter
170 g Zucker
3 Eier
1 Eiweiß
60 g Speisestärke
2 EL Zitronensaft
1 Dose Mandarinen
1 Päckchen Tortenguss
200 g Sahne
1 Päckchen Vanillezucker

Zubereitung:

- Alle Teigzutaten zu einem geschmeidigen Mürbeteig verkneten.
- Teig im Kühlschrank 30 Minuten ruhen lassen.
- Für den Belag die Eier trennen.
- Butter, Eigelb und Zucker schaumig rühren.
- Zitronensaft, Quark und Creme fraîche unterrühren.

- Eiweiß steif schlagen.
- Speisestärke mit dem Eischnee unter die Quarkmasse heben.
- Eine gefettete Springform mit dem ausgerollten Mürbeteig auslegen.
- Bei 180° C etwa 15 Minuten vorbacken.
- Quarkmasse auf den Boden streichen.
- Auf der untersten Stufe noch einmal etwa 60 Minuten backen.
- Mandarinen abtropfen lassen.
- Abgetropfte Mandarinen auf dem Kuchen verteilen.
- Tortenguss nach Packungsanweisung zubereiten.
- Guss über die Mandarinen geben.
- Sahne mit Vanillezucker steif schlagen.
- Kuchen mit der Sahne verzieren.

Kakao - Kirsch - Torte

Zutaten Teig:

130 g Zucker
130 g Mehl
4 Eier
1½ TL Backpulver
4 TL Kakaopulver
½ TL Zimt

Zutaten Füllung:

250 g Naturjoghurt
250 g Magerquark
1 Glas Sauerkirschen
50 g Speisestärke
5 EL Zucker
2 Päckchen Vanillezucker
60 g Fertiggelatine / Sofortgelatine
300 g Sahne

Zubereitung:

- Für den Teig die Eier mit dem Zucker schaumig rühren.
- Kakao, Zimt, Backpulver und Mehl vermischen.
- Alles unter den Eierschaum rühren.
- Eine Springform mit Backpapier auslegen.
- Halbe Teigmenge einfüllen.
- Bei 180° C etwa 25 Minuten backen.
- Vorgang für den zweiten Boden wiederholen.
- Tortenböden abkühlen lassen.
- Für den Belag die Kirschen abgießen.
- Dabei den Saft auffangen.

- Speisestärke, Zucker und 250 ml Kirschsaft verrühren.
- Verrührten Saft aufkochen lassen.
- Köcheln lassen, bis der Saft bindet.
- Die Kirschen unterrühren.
- Kirschgelee auf den unteren Tortenboden streichen.
- Oberen Boden auflegen.
- Den Springformrand (Tortenring) wieder um den Kuchen legen.
- Sahne mit 2 TL Gelatinepulver steif schlagen.
- Restgelatine mit Vanillezucker mischen.
- Joghurt, Quark und Gelatinemischung verrühren.
- Sahne unter die Creme heben.
- Creme auf dem Kuchen verteilen und glatt streichen.
- Mindestens 4 Stunden im Kühlschrank kalt stellen.
- Mit Kakaopulver bestäubt servieren.

Käsekuchen mit Ananas

Zutaten:

170 g Butter
280 g Zucker
4 Eigelb
2 Eier
220 g Mehl
½ Päckchen Backpulver
2 kleine Dosen Ananas (Stücke)
800 g Quark
250 g Creme fraîche
4 EL Zitronensaft
4 EL gemahlene Haselnüsse

Zubereitung:

- Butter mit 100 g Zucker und 1 Eigelb verrühren.
- Mehl und Backpulver vermischen.
- Mischung unter die Buttercreme kneten.
- Teig in Folie gewickelt etwa 60 Minuten kühl stellen.
- Ananas gut abtropfen lassen.
- Restzucker, restliches Eigelb, Eier und Zitronensaft verrühren.
- Quark, Creme fraîche und Nüsse unterrühren.
- Abgetropfte Ananas unterheben.
- Den Teig ausgerollt in eine gefettete Springform geben.
- Dabei einen Rand von ca. 3 cm hochziehen.
- Teigboden mit einer Gabel mehrmals einstechen.
- Die Quarkmasse auf den Teig geben.
- Mit Alufolie abdecken.
- Bei 175° C etwa 60 Minuten backen.
- Ohne Folie noch einmal etwa 20 Minuten fertig backen.

Kartoffel - Mandel - Napfkuchen

Zutaten:

350 g Mehl
100 g gemahlene Mandeln
350 g Kartoffeln (gegart)
5 Eier
250 g weiche Butter
250 g Zucker
1 Päckchen Vanillezucker
1 Päckchen Backpulver
100 g Cranberrys
50 g Pistazien

Zubereitung:

- Kartoffeln durch eine Kartoffelpresse pressen.
- Butter, Zucker und Vanillezucker schaumig schlagen.
- Die Eier nach und nach einrühren.
- Gepresste Kartoffeln unterrühren.
- Mehl, Backpulver und Mandeln vermischen.
- Mischung unter den Kartoffelteig rühren.
- Cranberrys und Pistazien unterheben.
- Teig in eine gefettete Napfkuchenform geben.
- Bei 200° C ca. 50 Minuten backen.
- In der Form abkühlen lassen.

Kastenkuchen mit Marzipan

Zutaten:

300 g Mehl
50 g gemahlene Mandeln
5 Eier
200 g weiche Butter
100 g Honig
5 EL Likör (z.B. Baileys)
150 g Vollmilchschokolade
200 g Marzipan - Rohmasse
Saft einer halben Orange
1 Prise Salz
1 gehäufter TL Backpulver

Zubereitung:

- Marzipan mit Orangensaft und Likör pürieren.
- Eier mit Butter und Honig cremig rühren.
- Marzipanpüree unterrühren.
- Mandeln, Mehl, Salz und Backpulver vermischen.
- Mischung unter die Eiercreme rühren.
- Eine Kastenform einfetten und mit Mehl bestäuben.
- Teig in die Form geben.
- Bei 180° C etwa 55 Minuten backen.
- Kuchen aus der Form nehmen und auskühlen lassen.
- Schokolade im Wasserbad zum Schmelzen bringen.
- Geschmolzenes über den Kuchen streichen.

Kastenkuchen mit Pfirsichen

Zutaten:

1 Dose Pfirsiche
125 g Butter
100 g Zucker
2 Eier
1 Spritzer Zitronensaft
250 g Mehl
½ Päckchen Backpulver
5 EL Milch
Puderzucker
Grieß

Zubereitung:

- Die Pfirsiche in kleine Würfel schneiden.
- Butter und Zucker verrühren.
- Eier, Milch und Zitronensaft einrühren.
- Backpulver und Mehl vermischen.
- Mischung unter die Butter-Eier-Creme rühren.
- Pfirsichwürfel unterheben.
- Gefettete Kastenform (ca. 1,5 l) mit Grieß ausstreuen
- Teig einfüllen und glatt streichen.
- Bei 175° C etwa 1 Stunde backen.
- In der Form abkühlen lassen.
- Vor dem Servieren mit Puderzucker überstreuen.

Kirsch - Puddingcreme - Torte

Zutaten Tortenboden:

1 Päckchen Vanillezucker
175 g Mehl
4 Eier
100 g Zucker
150 g weiche Butter
1½ TL Backpulver
1 Glas Schattenmorellen
1 EL Kakao

Zutaten Belag:

400 g Schlagsahne
500 ml Milch
1 Päckchen Vanillezucker
50 g Zucker
1 Päckchen Vanillepudding
30 g Fertiggelatine / Sofortgelatine
Borkenschokolade

Zubereitung:

- Für den Teig Kirschen abtropfen lassen.
- Zucker, Vanillezucker und Butter cremig rühren.
- Eier nach und nach unterrühren.
- Mehl und Backpulver mischen.
- Mischung unter die Eiercreme rühren.
- Halbe Teigmenge in eine gefettete Springform geben.
- Kakao unter die andere Hälfte rühren.
- Dunklen Teig auf den hellen Teig streichen.

- Kirschen auf dem Teig verteilen.
- Bei 180° C etwa 25 – 30 Minuten backen.
- Boden abkühlen lassen.
- Für den Belag Puddingpulver, Zucker und 100 ml Milch verrühren.
- Restliche Milch aufkochen lassen.
- Angerührtes Puddingpulver unterrühren.
- Etwa 1 Minute aufkochen.
- Pudding abkühlen lassen und dabei immer mal umrühren.
- Sahne mit Gelatine und Vanillezucker steif schlagen.
- Unter den abgekühlten Pudding heben.
- Einen Tortenring (Springformrand) um den Tortenboden geben.
- Puddingcreme auf den Boden streichen.
- Mindestens 3 Stunden im Kühlschrank kühlen.
- Mit Borkenschokolade garniert servieren.

Kirschkuchen mit Nüssen

Zutaten:

1 Glas Sauerkirschen
165 g Mehl
220 g gemahlene Nüsse
220 g Zucker
220 g weiche Butter
6 Eier
100 g Schokoladenstreusel
2 TL Backpulver
1 TL Zimt
3 EL Rum
Puderzucker

Zubereitung:

- Kirschen gut abtropfen lassen.
- Die Eier trennen.
- Zucker und Butter cremig rühren.
- Nach und nach das Eigelb und den Rum unterrühren.
- Mehl, Backpulver, Zimt, Nüsse und Schokostreusel vermischen.
- Mischung unter die Creme rühren.
- Das Eiweiß steif schlagen.
- Eischnee unter den Teig heben.
- Teig in eine mit Backpapier ausgelegte Springform geben.
- Die Kirschen darauf verteilen und leicht andrücken.
- Bei 180° C etwa 60 Minuten backen.
- In der Form erkalten lassen.
- Vor dem Servieren mit Puderzucker überstreuen.

Kirschkuchen mit Schokolade

Zutaten:

250 g Mehl
250 g weiche Butter
250 g Zucker
100 g Schokoladenstreusel
1 Glas Sauerkirschen
4 Eier
1 TL Backpulver
Schlagsahne, Pistazien

Zubereitung:

- Kirschen gut abtropfen lassen.
- Mehl mit Backpulver vermischen.
- Zucker, Butter und Eier cremig rühren.
- Mehlmischung einrühren.
- Schokostreusel unterrühren.
- Eine Springform mit Backpapier auslegen.
- Teig in die Form geben und glatt streichen.
- Kirschen auf den Teig geben und leicht andrücken.
- Bei 180° C etwa 50 Minuten backen.
- Mit steif geschlagener Sahne und Pistazien garniert servieren.

Kokos – Schoko – Kuchen

Zutaten Boden:

150 g weiche Butter
150 g Mehl
300 g Zucker
1 Päckchen Vanillezucker
½ Päckchen Backpulver
25 g Kakaopulver
3 Eier
100 g Creme fraîche
1 Prise Salz

Zutaten Belag:

100 g Butter
175 ml Milch
125 g Sahne
60 g Hartweizengrieß
150 g Zucker
150 g Kokosraspel

Zutaten Glasur:

125 g Kuvertüre
25 g Kokosfett
125 g Sahne
12 Mini - Kokosriegel

Zubereitung:

- Für den Boden Butter, Vanillezucker, Salz und Zucker cremig rühren.
- Eier nach und nach unterrühren.

- Mehl, Kakaopulver und Backpulver vermischen.
- Mischung mit Creme fraîche unter die Eier – Butter-masse rühren.
- Teig in eine gefettete Springform füllen.
- Bei 175° C etwa 30 – 35 Minuten backen.
- Kuchenboden auskühlen lassen.
- Für den Belag die Butter schmelzen.
- Zucker, Grieß und Kokosraspel vermischen.
- Milch und Sahne in einem großen Topf aufkochen.
- Etwa eine Minute köcheln lassen.
- Butter und Kokosmischung unterrühren.
- Um den Kuchenboden einen Tortenring legen.
- Kokosmasse gleichmäßig auf den Boden streichen.
- Ebenfalls auskühlen lassen.
- Kokosfett und Kuvertüre klein hacken.
- Die Sahne in einem Topf erhitzen.
- Kuvertüre und Kokosfett darin schmelzen.
- Etwa 10 – 15 Minuten unter Rühren abkühlen lassen.
- Glasur auf dem Kuchen gleichmäßig verstreichen.
- Kokosriegel als Verzierung auflegen.
- Nach dem Trocknen der Glasur mit Kokosraspeln bestreuen.

Lebkuchen - Winterapfel - Torte

Zutaten Tortenboden:

300 g Zartbitter - Schokolade
250 g Butter
200 g Mehl
250 g brauner Zucker
50 g Kakaopulver
4 Eier
1 gestrichenen Esslöffel Backpulver
1 Prise Salz
1 Apfel

Zutaten Apfelkompott:

500 g Äpfel
50 g Zucker
200 ml Apfelsaft
Saft einer Zitrone
1 Päckchen Vanillesoße zum Kochen

Zutaten Creme:

250 g Mascarpone
300 g Naturjoghurt
200 g Schlagsahne
75 g Zucker
2 Päckchen Vanillezucker
45 g Fertiggelatine / Sofortgelatine
50 g Karamell - Brotaufstrich

Zubereitung:

- Für den Boden Mehl, Kakao, Backpulver vermischen.
- Den Apfel schälen und in dünne Scheiben schneiden.
- Die Schokolade klein hacken.

- Butter in kleine Stücke schneiden.
- Beides in einem Topf bei kleiner Hitze schmelzen.
- Immer mal wieder umrühren.
- Die Eier mit dem Zucker und Salz cremig rühren.
- Geschmolzene Butter-Schokolade vom Herd nehmen und sofort unter die Eiercreme rühren.
- Mehlmischung ebenfalls sofort danach unterheben.
- Teig in eine gefettete Springform (26 cm) füllen und glatt streichen.
- Die Apfelscheiben auflegen und etwas andrücken.
- Im Backofen bei 175° C etwa 25 Minuten backen.
- Fertigen Boden abkühlen lassen.
- Für das Kompott die Äpfel schälen und in kleine Würfel schneiden.
- Soßenpulver mit 6 Esslöffel Apfelsaft anrühren.
- Restapfelsaft, Zitronensaft, Zucker aufkochen lassen.
- Apfelstücke unterrühren und 3 Minuten dünsten.
- Angerührte Soße unterrühren.
- Kurz aufkochen lassen und vom Herd nehmen.
- Kompott abkühlen lassen.
- Für den Belag die Sahne mit 10 g Gelatinepulver steif schlagen.
- Joghurt und Mascarpone glatt rühren.
- Zucker, Vanillezucker, Restgelatinepulver vermischen.
- Mischung unter Mascarpone - Joghurtmasse rühren.
- Kompott und Sahne unterheben.
- Tortenboden auf eine Tortenplatte geben.
- Um den Boden einen Tortenring legen.
- Kompottcreme einfüllen und glatt streichen.
- Mindestens 3 Stunden kalt stellen.
- Tortenring entfernen, Karamell-Aufstrich aufstreichen.
- Dem Anlass entsprechend dekorieren.
- z.B. aus Marzipanmasse einen Engel und Stern ausschneiden und die Torte damit belegen.

Mandarinen - Käsekuchen

Zutaten Boden:

200 g Mehl
75 g Zucker
100 g weiche Butter
1 Ei
1 TL Backpulver
1 Päckchen Vanillezucker

Zutaten Belag:

500 g Magerquark
175 g Zucker
2 Eier
300 g saure Sahne
150 ml Milch
1 EL Sonnenblumenöl
1 Päckchen Puddingpulver (Vanille)
1 EL Zitronensaft
3 kleine Dosen Mandarinen
1 Päckchen Tortenguss (klar)

Zubereitung:

- Für den Kuchenboden Butter, Ei, Zucker und Vanillezucker gut verrühren.
- Mehl und Backpulver vermischen.
- Beides unter die Buttermasse kneten.
- In Alufolie gewickelt etwa 25 Minuten kalt stellen.
- Alle Belagzutaten bis auf Mandarinen und Guss gut miteinander verrühren.
- Teig in eine gefettete Springform drücken.

- Dabei einen etwa 3 cm Rand hochziehen.
- Mandarinen abtropfen lassen.
- Dabei den Saft auffangen.
- Ein Drittel der Mandarinen auf den Tortenboden legen.
- Käsemasse gleichmäßig einfüllen.
- Die restlichen Mandarinen auflegen.
- Bei 180° C etwa 60 Minuten backen.
- Tortenguss mit dem Saft nach Packungsanweisung zubereiten.
- Sofort auf dem fertig gebackenen Kuchen verteilen.
- Kuchen gut abkühlen und dann schmecken lassen.

Kokos – Kirschkuchen

Zutaten:

240 g Mehl
120 g Zucker
1 Päckchen Vanillezucker
2 TL Backpulver
1 Prise Salz
5 Eier
150 g flüssige Butter
85 g süße Kokosmilch
120 g Kokosraspel
1½ Gläser Sauerkirschen (oder frische Kirschen)
150 g Schlagsahne

Zubereitung:

- Zucker, Vanillezucker, Salz und Eier schaumig rühren.
- Kokosmilch und Butter unterrühren.
- Mehl, Backpulver und Kokosraspel vermischen.
- Mischung nach und nach unter die Eiermasse rühren.
- Teig in eine gefettete Springform geben.
- Kirschen auf dem Teig gleichmäßig verteilen.
- Dabei die Kirschen leicht eindrücken.
- Bei 180° C etwa 60 Minuten backen.
- Evtl. mit Alufolie abdecken.
- Kuchen auskühlen lassen.
- Sahne steif schlagen.
- Kuchen mit der Sahne und evtl. Kirschen verzieren.

Mandarinen – Pistazien – Kuchen

Zutaten:

350 g Mehl
350 g Zucker
350 g Butter
½ Päckchen Backpulver
6 Eiweiß
6 Eigelb
75 g Pistazien, klein gehackt
2 Dosen Mandarinen
6 EL Mandarinensaft
1 Prise Salz

Zubereitung:

- Mandarinen in einem Sieb gut abtropfen lassen.
- Butter, Eigelb, Mandarinensaft, Salz und Zucker schaumig rühren.
- Backpulver, Mehl und Pistazien vermischen.
- Mischung unter die Buttercreme rühren.
- Eiweiß steif schlagen.
- Mandarinen und Eischnee unter den Teig heben.
- Den Teig in eine gefettete Springform geben und glatt streichen.
- Bei 180° C etwa 50 – 60 Minuten auf der unteren Schiene backen.
- Den abgekühlten Kuchen mit Puderzucker überstreuen.

Mandarinen - Schmand - Torte

Zutaten Boden:

150 g Weizenmehl
75 g Zucker
75 g Butter
1 Ei
1 TL Backpulver

Zutaten Füllung:

3 Dosen Mandarinen
500 ml Milch
600g Schmand
200 g Zucker
1 Päckchen Tortenguss
30 g Mandelblättchen
2 Päckchen Puddingpulver (Vanille)

Zubereitung:

- Für den Teig Butter, Mehl, Zucker, Backpulver und das Ei zu einem geschmeidigen Teig verkneten.
- Mit bemehlten Händen in eine gefettete Springform drücken.
- Den Rand etwa 3 cm hochziehen.
- Teigboden mit einer Gabel mehrfach einstechen.
- Etwa 30 Minuten kühl stellen.
- Für die Füllung 375 ml Milch mit dem Zucker aufkochen lassen.
- Das Puddingpulver mit der restlichen Milch glatt rühren.

- Glatt Gerührtes in die kochende Milch einrühren.
- Kurz aufkochen lassen.
- Schmand unterrühren.
- Creme auf den Tortenboden geben.
- Die Mandarinen darauf verteilen.
- Bei 175° C etwa 75 Minuten backen.
- In der Form auskühlen lassen.
- Tortenguss mit 250 ml Mandarinensaft vermischen.
- Mischung aufkochen.
- Über die Torte geben und mit Mandelblättchen bestreuen.

Mandarinen - Schoko - Streuselkuchen

Zutaten Streusel:

75 g kalte Butter
175 g Mehl
50 g Zucker
1 Ei
2 EL Kakaopulver
1 Päckchen Vanillezucker
1 Prise Salz

Zutaten Kuchen:

2 Dosen Mandarinen
400 g Mehl
200 g Zucker
250 g weiche Butter
1 Päckchen Vanillezucker
5 Eier
1 EL Backpulver

Zubereitung:

- Alle Streuselzutaten rasch zu Streusel verkneten.
- Streusel kalt stellen.
- Für den Kuchen die Mandarinen abtropfen lassen.
- Saft dabei auffangen.
- Butter, Zucker und Vanillezucker cremig schlagen.
- Die Eier nach und nach einrühren.
- Vom Mandarinensaft ebenfalls 3 EL unterrühren.

- Backpulver und Mehl vermischen.
- Mischung unter die Eiercreme rühren.
- Mandarinen vorsichtig unterheben.
- Kuchenteig in eine gefettete Springform geben.
- Gekühlte Streusel über den Teig streuen.
- Bei 175° C etwa 60 – 65 Minuten backen.

Mandel - Nuss - Ecken

Zutaten Boden:

200 g Mehl
100 g Zucker
125 g Butter
1 TL Backpulver
1 Ei
1 Päckchen Vanillezucker

Zutaten Belag:

200 g Marzipan Rohmasse
200 g Creme fraîche
150 g gemahlene Nüsse
250 g Zucker
150 g gemahlene Mandeln
4 EL Cognac
2 Päckchen Vanillezucker
300 g Kuvertüre

Zubereitung:

- Für den Boden Butter, Ei, Vanillezucker und Zucker schaumig rühren.
- Mehl mit Backpulver mischen.
- Mischung nach und nach zugeben und gut durchkneten.
- Auf einem Backblech mit Backpapier ausrollen.
- Mit einer Gabel mehrmals einstechen.
- Für den Belag das geschnittene Marzipan klein schneiden.

- Kleines Marzipan mit Nüssen, Mandeln und Cognac verkneten.
- In einem Topf Zucker, Vanillezucker und Creme fraîche kurz aufkochen lassen.
- Mit der Nuss-Mandel-Marzipanmasse gut verrühren.
- Die Masse gleichmäßig auf den Teigboden geben.
- Bei 175° C etwa 25 – 30 Minuten auf der unteren Schiene backen.
- Nach dem Auskühlen in kleine Dreiecke schneiden.
- Jeweils eine Ecke der Dreiecke in weißer und/oder dunkler Kuvertüre eintauchen.
- Die Nussecken trocknen lassen.

Mango - Erdbeer - Torte

Zutaten Teig:

230 g Mehl
180 g Zucker
175 g weiche Butter
3 Eier
1 Päckchen Vanillezucker
1 ½ TL Backpulver

Zutaten Belag:

500 g Erdbeeren
2 reife Mangos
50 g Fertiggelatine / Sofortgelatine
300 ml Orangensaft
1 Päckchen Tortenguss (weiß)
120 g Puderzucker
2 EL Zucker
4 EL Cognac
500 g Sahne

Zubereitung:

- Für den Teig Eier, Vanillezucker, Zucker und Butter cremig rühren.
- Mehl und Backpulver vermischen.
- Mischung unter die Creme rühren.
- Teig in eine gefettete Springform geben.
- Bei 180° C etwa 30 Minuten backen.
- Tortenboden abkühlen lassen.
- Etwa 300 g Mango klein schneiden.

- Puderzucker und 40 g Gelatinepulver vermischen.
- Halbe Mischung mit kleiner Mango, 50 ml Orangensaft und 2 EL Cognac pürieren.
- Andere Hälfte mit Erdbeeren und Restcognac ebenfalls pürieren.
- Beide Pürees kalt stellen und angelieren lassen.
- Sahne mit Restgelatine steif schlagen.
- Jeweils die halbe Sahnemenge unter die angelierten Pürees heben.
- Springformrand (Tortenring) um den Tortenboden legen.
- Erst Mangopüree, dann Erdbeerpüree auf den Tortenboden streichen.
- Mindestens 3 Stunden kalt stellen.
- Restliche Mango klein schneiden.
- Eine Schicht klein geschnittener Mango auf die Torte legen.
- Tortenguss mit Zucker und Restorangensaft zubereiten.
- Fertigen Guss über die Mangoschicht geben.
- Zum Festwerden noch einmal 30 Minuten kühl stellen.

Mangotorte

Zutaten:

500 g Dickmilch
430 g Zucker
2 Päckchen Vanillezucker
135 g Butter
45 g Fertiggelatine / Sofortgelatine
5 Eier
2 TL Backpulver
160 g Mehl
40 g Mandelblättchen
2 Mangos
2 EL Orangensaft
2 EL Milch
50 g Kokosraspeln
200 g Sahne
4 EL Zitronensaft
1 Prise Salz
Puderzucker

Zubereitung:

- Butter, 130 g Zucker, 1 Päckchen Vanillezucker und Salz cremig rühren.
- Vier Eier trennen.
- Das Eigelb und ein Ei unter die Creme rühren.
- Backpulver und Mehl vermischen.
- Mischung mit der Milch nach und nach unter die Creme rühren.
- Eine Springform mit Backpapier auslegen.
- Die halbe Teigmenge einfüllen.
- Halbe Eiweißmenge mit 100 g Zucker steif schlagen.

- Eischnee auf den Teig streichen.
- Mit 20 g Mandeln überstreuen.
- Bei 175° C etwa 20 Minuten backen.
- Teigboden herausnehmen.
- Den zweiten Boden genau wie den ersten herstellen und backen.
- Fruchtfleisch der Mangos mit etwas Dickmilch pürieren.
- Restvanillezucker, Restzucker, Gelatine und Kokosraspeln vermischen.
- Mischung mit Mangopüree, Dickmilch, Orangen- und Zitronensaft verrühren.
- Creme kalt stellen.
- Sahne steif schlagen.
- Steife Sahne unter die angelierte Mangocreme heben.
- Springformrand (Tortenring) um einen Tortenboden legen.
- Mangocreme einfüllen und glatt streichen.
- Den zweiten Tortenboden auflegen (Mandeln nach oben).
- Mindestens 3 Stunden kalt stellen.
- Fertige Torte mit Puderzucker bestäuben.

Marmorkuchen mit Himbeeren

Zutaten:

125 g Mehl
250 ml Sonnenblumenöl
5 Eier
330 g Zucker
125 g Speisestärke
250 g Himbeeren (frisch oder TK)
Saft von 3 Zitronen
1 Päckchen Backpulver
500 g Stracciatella-Joghurt
300 g Sahne
1 Päckchen Vanillezucker
30 g Fertiggelatine / Sofortgelatine
Paniermehl, Butter, Puderzucker

Zubereitung:

- Die Eier trennen.
- Himbeeren auftauen lassen (wenn TK-Himbeeren).
- Eigelb, Vanillezucker, 250 g Zucker cremig rühren.
- Mehl, Speisestärke und Backpulver vermischen.
- Mischung mit Öl und 3 EL Saft unter die Creme rühren.
- Teig in zwei Teile teilen.
- In eine Hälfte die Himbeeren einrühren.
- Unter die andere Hälfte 5 EL Zitronensaft rühren.
- Eiweiß sehr steif schlagen.
- Je eine Hälfte unter die Teighälften heben.
- Eine Springform mit Rohrboden einfetten.
- Boden mit Paniermehl ausstreuen.
- Teig mit einem Löffel abwechselnd einfüllen.

- Bei 175° C etwa 60 Minuten backen.
- Kuchen auskühlen lassen.
- Restzucker und 20 g Gelatinepulver vermischen.
- Mischung mit dem Joghurt verrühren.
- Sahne mit der Restgelatine steif schlagen.
- Steife Sahne unter den Joghurt heben.
- Kuchen waagerecht halbieren.
- Angelierte Joghurtcreme auf eine Hälfte aufstreichen.
- Zweite Kuchenhälfte auflegen und andrücken.
- Mindestens vier Stunden kühl stellen.
- Vor dem Servieren mit Puderzucker bestäuben.

Mascarpone - Aprikosen - Torte

Zutaten Teig:

40 g Mehl
100 g Zucker
100 g Butter
3 Eier
1 TL Backpulver
50 g Speisestärke
1 Päckchen Vanillezucker
1 Spritzer Zitronensaft
50 g feine Haferflocken
1 Prise Salz

Zutaten Belag:

500 g Mascarpone
150 g Puderzucker
500 g Schlagsahne
250 g Naturjoghurt
1 Dose Aprikosen
40 g Fertiggelatine
1 Päckchen Vanillezucker

Zubereitung:

- Für den Teig Zucker, Vanillezucker und Butter schaumig rühren.
- Eier, Zitronensaft und Salz einrühren.
- Haferflocken, Mehl, Speisestärke und Backpulver mischen.
- Mischung unter die Eier-Butter rühren.
- Eine Springform mit Backpapier auslegen.

- Den Teig einfüllen und glatt streichen.
- Bei 180° C etwa 30 Minuten backen.
- Nach dem Abkühlen den Boden waagerecht halbieren.
- Für den Belag die Aprikosen abtropfen lassen.
- Puderzucker, Vanillezucker und 25 g Gelatine mischen.
- Zuckermischung, Joghurt und Mascarpone verrühren
- Restgelatine mit der Sahne steif schlagen.
- Sahne unter die Mascarpone - Creme heben.
- Unteren Tortenboden auf eine Kuchenplatte setzen.
- Tortenring (Springformrand) umlegen.
- Aprikosen auf dem Boden verteilen.
- Die Hälfte der Creme aufstreichen.
- Zweiten Tortenboden auflegen.
- Restcreme auf den Tortendeckel streichen.
- Torte mindestens zwei Stunden kalt stellen.
- Mit ein paar Aprikosenstückchen verzieren.

Mascarpone - Schmand - Torte

Zutaten Tortenboden:

80 g Schokokekse
180 g Mehl
100 g Zucker
2 TL Backpulver
2 Eier
125 g weiche Butter
5 EL Milch
20 g Kakaopulver

Zutaten Belag:

300 g Schlagsahne
500 g Mascarpone
250 g Schmand
75 g Zucker
1 TL Lebkuchengewürz
60 g Fertiggelatine / Sofortgelatine
3 EL Amaretto
100 ml Karamellsauce

Zubereitung:

- Für den Boden die Kekse zerbröseln.
- Zucker und Butter cremig rühren.
- Eier unterrühren.
- Mehl, Backpulver, Kakao und Kekse vermischen.
- Mischung mit der Milch unter die Buttermasse rühren.
- Teig in eine Springform (mit Backpapier) füllen.
- Bei 180° C etwa 30 – 35 Minuten backen.

- Tortenboden auskühlen lassen.
- Für den Belag Schmand und Mascarpone verrühren.
- Zucker, Lebkuchengewürz, 40 g Gelatine vermischen.
- Mischung unter die Mascarponecreme rühren.
- Amaretto und 50 ml Karamellsauce unterrühren.
- 200 g Sahne mit 10 g Gelatine steif schlagen.
- Steife Sahne unter die Creme heben.
- Um den Tortenboden einen Tortenring legen.
- Creme auf den Tortenboden streichen.
- Mindestens 3 Stunden im Kühlschrank kühlen.
- Restsahne und Restgelatine steif schlagen.
- Sahne als kleine Tupfen auf den Tortenrand spritzen.
- Restkaramellsauce fadenförmig auf die Torte gießen.

Marmor - Kirschkuchen

Zutaten:

500 g Mehl
4 Eier
250 g Zucker
1 EL Zitronensaft
1 Päckchen Backpulver
125 ml Milch
150 g Marzipanrohmasse
250 g Butter
1 Glas Sauerkirschen
2 EL Eierlikör
1 Päckchen Vanillezucker

Zubereitung:

- Eier, Zucker und Butter schaumig rühren.
- Vanillezucker und Zitronensaft zugeben.
- Mehl, Backpulver und Milch unterrühren.
- Teig halbieren.
- Kirschen abtropfen lassen.
- Marzipanrohmasse klein schneiden.
- Eierlikör mit dem Marzipan verrühren.
- Marzipanmasse unter eine Teighälfte rühren.
- Abgetropfte Kirschen unter die andere Hälfte heben.
- Eine Springform mit Rohrboden gut einfetten.
- Marzipanteig in die Form geben, dann den Kirschteig.
- Mit einer Gabel spiralförmige Muster durch den Teig ziehen.
- Bei 200° C etwa 45 – 50 Minuten backen.

Möhrenkasten mit Nüssen

Zutaten:

200 g Mehl
70 g gemahlene Nüsse
300 g Möhren
120 g Zucker
1 Päckchen Vanillezucker
4 Eier
3 EL Amarettolikör
2 TL Backpulver
½ TL Zimt
Puderzucker

Zubereitung:

- Eier trennen.
- Möhren fein raspeln.
- Eigelb mit Zucker und Vanillezucker verrühren.
- Mehl, Backpulver und Zimt vermischen.
- Mischung unter die Eiermasse rühren.
- Möhren, Amaretto und Nüsse ebenfalls unterrühren.
- Eiweiß steif schlagen.
- Eischnee unter den Teig heben.
- Teig in eine gefettete Kastenform (26 cm) geben.
- Bei 180° C etwa 70 Minuten backen.
- In der Form auskühlen lassen.
- Mit Puderzucker überstreut servieren.

Nuss - Johannisbeer - Torte

Zutaten Tortenboden:

120 g gemahlene Nüsse
160 g Mehl
4 Eier
160 g Zucker
1 Prise Salz
2½ TL Backpulver

Zutaten Belag:

600 g Schlagsahne
4 Eigelb
200 ml Eierlikör
110 g Zucker
400 g Joghurt
45 g Fertiggelatine
300 g Johannisbeeren

Zubereitung:

- Für den Boden Eier, Salz, Zucker und 5 EL Wasser schaumig rühren.
- Die restlichen Bodenzutaten unterrühren.
- Teig in eine Springform (mit Backpapier) füllen.
- Bei 190° C etwa 25 – 30 Minuten backen.
- Tortenboden abkühlen lassen.
- Für den Belag Eigelb und Zucker schaumig rühren.
- Joghurt, Eierlikör und 25 g Gelatine unterrühren.
- 500 g Sahne mit der Restgelatine steif schlagen.
- Steife Sahne unter die Joghurtcreme heben.
- Creme etwas angelieren lassen.

- Beeren von den Rispen streifen.
- Tortenboden waagerecht halbieren.
- Etwa ⅔ der Creme mit den Beeren vermischen.
- Mischung auf den unteren Tortenboden geben.
- Oberen Tortenboden vorsichtig auflegen und andrücken.
- Restcreme aufstreichen, evtl. auch den Rand.
- Mindestens zwei Stunden kühl stellen.
- Restsahne steif schlagen.
- Torte mit Sahnetupfen und Beeren verziert servieren.

Nusskuchen

Zutaten:

4 Eier
165 g Zucker
1 EL Mehl
½ Päckchen Backpulver
200 g gemahlene Haselnüsse
1 kleines Glas Sauerkirschen
3 EL Milch
Kuvertüre (Farbe nach Wahl)

Zubereitung:

- Kirschen abtropfen lassen.
- Die Eier trennen.
- Eigelb und Zucker schaumig rühren.
- Mehl, Backpulver und Nüsse vermischen.
- Mischung unter die Ei-Zucker-Mischung rühren.
- Milch ebenfalls unterrühren.
- Eiweiß steif schlagen.
- Kirschen in etwas Mehl wälzen.
- Eischnee und Kirschen unter den Nussteig heben.
- Teig in eine gefettete Napfkuchenform füllen.
- Bei 175° C etwa 40 Minuten backen.
- Kuchen abkühlen lassen.
- Mit der Kuvertüre überziehen.

Nusskuchen mit Mascarpone

Zutaten:

500 g saure Äpfel
1 Zitrone
500 g Speisequark
140 g Mascarpone
50 g Pistazienkerne (gehackt)
5 Eigelb
60 g Haselnusskerne (gehackt)
50 g Weizengrieß
60 g Zucker
gemahlene Haselnüsse

Zubereitung:

- Den Saft aus der Zitrone pressen.
- Die Äpfel schälen, entkernen und klein schneiden.
- Apfelstücke mit dem Zitronensaft übergießen.
- Zucker, Eigelb, Mascarpone, Quark und Grieß gut verrühren.
- Nach und nach die Apfelstücke, die Pistazien und die Nüsse unterheben.
- Eine Springform einfetten.
- Form mit gemahlenen Haselnüssen ausstreuen.
- Die Teigmasse in die Form geben und glatt streichen.
- Bei 200° C etwa 50 Minuten backen.

Pfirsich - Torte

Zutaten Tortenboden:

110 g Mehl
90 g Zucker
2 Eier
1 TL Backpulver
1 Päckchen Vanillezucker
1 Prise Salz

Zutaten Belag:

2 große Dosen Pfirsiche
500 g Naturjoghurt
400 g Schlagsahne
25 - 30 Löffelbiskuits
170 g Zucker
3 Päckchen Vanillezucker
60 g Sofortgelatine / Fertiggelatine

Zutaten Verzierung:

200 g Schlagsahne
2 Päckchen Tortenguss (klar)
1 Päckchen Vanillezucker
75 g Zucker

Zubereitung:

- Für den Tortenboden die Eier trennen.
- Eiweiß mit Salz steif schlagen.
- Eigelb, Vanillezucker und Zucker cremig rühren.
- Mehl und Backpulver vermischen.
- Mischung mit Eischnee unter die Eiercreme heben.
- Teig in eine Springform (Backpapier) streichen.
- Bei 175° C etwa 20 Minuten backen.

- Tortenboden auskühlen lassen.
- Pfirsiche abtropfen lassen und den Saft auffangen.
- 5 Hälften beiseitelegen.
- Etwa ⅓ der restlichen Pfirsiche in Spalten, den Rest in kleine Würfel schneiden.
- Zucker, Vanillezucker und 40 g Gelatine vermischen.
- Mischung mit dem Joghurt verrühren.
- Sahne mit der Restgelatine steif schlagen.
- Steife Sahne unter die Joghurtcreme heben.
- Um den Tortenboden einen Tortenring legen.
- Löffelbiskuit auf Höhe des Tortenrings kürzen.
- Biskuitreste zerbröseln.
- Biskuits aufrecht an den Tortenring stellen.
- Tortenboden mit Pfirsichspalten bedecken.
- Etwa ⅓ der Creme auf die Spalten streichen.
- Ein weiteres Drittel mit Pfirsichwürfeln vermischen.
- Würfelcreme ebenfalls aufstreichen.
- Biskuitbrösel auf die Creme streuen.
- Restliche Joghurtcreme darauf verteilen.
- Etwa 4 Stunden im Kühlschrank kalt stellen.
- Für die Verzierung 4 Pfirsichhälften pürieren.
- Mit Pfirsichsaft auf 500 ml auffüllen.
- Zusammen mit Tortenguss und Zucker unter Rühren aufkochen lassen.
- Tortenguss gleichmäßig auf die Torte gießen.
- Torte noch einmal kühl stellen.
- Restliche Pfirsichhälfte in 12 Stücke schneiden.
- Sahne mit Vanillezucker steif schlagen.
- Torte mit Sahnetupfen und Pfirsichstücken garnieren.

Orangen – Mandel – Kuchen

Zutaten:

100 g Mehl
100 g Speisestärke
100 g zerlassene Butter
250 g Zucker
6 Eier
1 TL Backpulver
50 g Mandelblättchen
200 ml frisch gepresster Orangensaft
Saft einer kleinen Zitrone
Puderzucker

Zubereitung:

- Die Eier trennen.
- Eigelb mit dem Zucker cremig rühren.
- Mehl, Speisestärke und Backpulver vermischen.
- Mischung unter die Eiercreme rühren.
- Eiweiß steif schlagen.
- Lauwarme Butter und Eiweiß unter den Teig heben.
- Den Boden einer Springform mit Backpapier auslegen.
- Mit etwas Butter einfetten.
- Mandeln gleichmäßig auf das Backpapier streuen.
- Teig in die Form geben und glatt streichen.
- Bei 180° C etwa 35 – 40 Minuten goldbraun backen.
- Den gesiebten Orangensaft mit etwas Zucker und Zitronensaft verrühren.
- Gemischten Saft erwärmen.
- Fertigen Kuchen stürzen und das Papier entfernen.
- Mit einem Holzspieß Löcher in den Kuchen stechen.
- Warmen Saft gleichmäßig über den Kuchen verteilen.
- Kurz vor dem Servieren mit Puderzucker bestäuben.

Preiselbeer - Kastenkuchen

Zutaten:

1250 g Magerquark
300 g Zucker
120 weiche Butter
150 g Preiselbeeren (Glas)
4 Eier
Saft einer ½ Zitrone
1 Päckchen Vanillepuddingpulver
1 EL Zimt
¼ TL Backpulver
Puderzucker

Zubereitung:

- Zitronensaft, Butter und Zucker schaumig rühren.
- Nach und nach die Eier unterrühren.
- Puddingpulver, Backpulver und Zimtpulver vermischen.
- Mischung unter den Quark rühren.
- Eier-Buttermasse mit dem Quark vermengen.
- Preiselbeeren unterheben.
- Alles in eine gefettete (evtl. Backpapier) Kastenform geben.
- Bei 180° C etwa 60 Minuten backen.
- In der Form abkühlen lassen.
- Mit Puderzucker bestäubt servieren.

Quarkkuchen mit Pflaumen

Zutaten Teig:

250 g Mehl
1 Päckchen Trockenhefe
1 TL Backpulver
1 EL Magerquark
2 EL Zucker
1 Prise Salz
4 EL Sonnenblumenöl
125 ml Wasser (lauwarm)

Zutaten Belag:

750 g Pflaumen
4 Eier
500 g Magerquark
1 EL Stärke
5 EL Zitronensaft
55 g sehr weiche Butter
80 g Zucker
Puderzucker

Zubereitung:

- Für den Teig Mehl, Hefe, Backpulver, Zucker und Salz vermischen.
- Mischung mit Öl, Quark und dem Wasser zu einem geschmeidigen Teig verkneten.
- Teig zugedeckt an einem warmen Ort etwa 20 Minuten gehen lassen.
- Gegangenen Teig ausrollen und in eine Springform geben.

- Dabei einen Rand hochziehen.
- Teig mit einer Gabel mehrfach einstechen.
- Für den Belag Pflaumen entsteinen und halbieren.
- Halbe Pflaumenmenge auf den Teig mit der Außenseite nach oben verteilen.
- Alles zusammen noch einmal etwa 20 Minuten gehen lassen.
- Die Eier trennen.
- Butter, Zitronensaft, Stärke, Eigelb, Quark und Zucker verrühren.
- Eiweiß steif schlagen.
- Eischnee unter die Quarkmasse ziehen.
- Quarkmasse auf den Tortenboden geben.
- Restliche Pflaumen in die Quarkmasse setzen.
- Kuchen bei 180° C etwa 75 Minuten backen.
- Evtl. mit Alufolie abdecken.
- Den abgekühlten Kuchen mit Puderzucker überstreuen.

Schokoladen – Lebkuchen – Torte

Zutaten Tortenboden:

60 g Mehl
60 g Speisestärke
25 g Kakaopulver
140 g Zucker
2 TL Backpulver
4 Eier
1 Päckchen Lebkuchengewürz

Zutaten Füllung und Verzierung:

200 g weiße Kuvertüre
800 g Schlagsahne
2 EL Zucker
1 TL Vanillearoma
½ Päckchen Sahnesteif
30 g Sofortgelatine / Fertiggelatine
Fondantsternchen

Zubereitung:

- Für den Tortenboden die Eier trennen.
- Eiweiß mit 3 EL Wasser steif schlagen.
- Dabei den Zucker einrieseln lassen.
- Eigelb vorsichtig unter den Eischnee rühren.
- Restliche Tortenbodenzutaten gut vermischen.
- Mischung unter die Eiercreme heben.
- Teig in eine gefettete Springform geben.
- Bei 175° C etwa 25 Minuten backen.
- Tortenboden auf einem Gitter auskühlen lassen.
- Für die Füllung Kuvertüre klein hacken.

- In einem Topf 200 g Sahne erwärmen.
- Kuvertüre in der erwärmten Sahne schmelzen.
- Vom Gelatinepulver 20 g gleichmäßig einrühren.
- Schokosahne abkühlen lassen.
- 500 g Sahne mit Vanille, Restgelatine und Zucker steif schlagen.
- Steife Sahne unter die abgekühlte, angelierte Schokosahne heben.
- Tortenboden waagerecht halbieren.
- Unteren Boden mit Tortenring umschließen.
- Füllung gleichmäßig auf dem Boden verteilen.
- Oberes Tortenbodenteil auflegen.
- Mindestens 3 Stunden im Kühlschrank kalt stellen.
- Restliche Sahne mit Sahnesteif steif schlagen.
- Torte mit der Sahne und Fondantsternchen garnieren.

Schokoladen - Apfelkuchen

Zutaten:

5 Äpfel
100 g Vollmilchkuvertüre
220 g Mehl
125 g gemahlene Haselnüsse
220 g Zucker
220 g weiche Butter
5 Eier
50 ml Rum
1 Päckchen Vanillezucker
1 Päckchen Backpulver
2 TL Zimtpulver
2 EL Kakaopulver

Zubereitung:

- Zucker mit der Butter schaumig rühren.
- Dann die Eier einzeln unterrühren.
- Mehl, Nüsse, Backpulver, Vanillezucker, Kakao und Zimt miteinander vermischen.
- Mischung unter die Eiermasse rühren.
- Äpfel schälen und in kleine Stücke schneiden.
- Mit dem Rum übergießen.
- Begossene Äpfel unter den Teig heben.
- Teig in eine gefettete Springform füllen.
- Bei 200° C etwa 60 – 65 Minuten backen.
- Kuchen auskühlen lassen.
- Kuvertüre hacken und schmelzen.
- Geschmolzene Kuvertüre über den Kuchen gießen bzw. streichen.
- Eine halbe Stunde trocknen lassen.

Vanillekuchen

Zutaten:

120 g Mehl
120 g Zucker
90 g flüssige Butter
300 g Marzipan Rohmasse
7 Eier
2 Vanilleschoten
1 Prise Salz
½ TL Backpulver
140 g Schokostreusel
100 g Schokoladen - Kuchenglasur

Zubereitung:

* Die Eier trennen.
* Eiweiß steif schlagen.
* Dabei den Zucker einrieseln lassen.
* Mark aus den Vanilleschoten kratzen.
* Marzipan, Vanillemark, Butter und Eigelb zusammen pürieren.
* Mehl, Backpulver und Salz vermischen.
* Mischung unter das Püree rühren.
* Eischnee und Schokostreusel gleichmäßig unterheben.
* Teig in eine gefettete, mit Mehl bestäubte Kranzform geben.
* Bei 170° C etwa 60 Minuten backen.
* Evtl. bei zu starker Bräunung mit Alufolie abdecken.
* Kuchen etwas abkühlen lassen.
* Abgekühlten Kuchen mit der Glasur bestreichen.

Veganer Zebrakuchen

Zutaten:

400 g Mehl
300 g Zucker
30 g Kakaopulver
2 Päckchen Vanillezucker
2 TL Natron
1 TL Salz
500 ml Mineralwasser
160 ml Sonnenblumenöl
2 EL Apfelessig

Zubereitung:

- Alle Zutaten, bis auf den Kakao, zur Hälfte aufteilen.
- Zunächst die halbierten trockenen Zutaten (Mehl, Zucker, Vanillezucker, Salz, Natron) in zwei Schüsseln vermischen.
- In einer Schüssel das Kakaopulver unterrühren.
- Vermischtes jeweils mit der Hälfte der flüssigen Zutaten (Wasser, Öl, Essig) gut verrühren.
- Eine Springform einfetten.
- Zwei Esslöffel hellen Teig in die Mitte der Springform geben.
- Teig nicht verteilen.
- Auf den hellen „Klecks" zwei Esslöffel dunklen Teig geben.
- Ebenfalls nicht verrühren.
- Abwechselnd jeweils zwei Esslöffel hell und dunklen Teig in die Mitte geben.
- Wenn der Teig verbraucht ist nicht glatt streichen.
- Bei 180° C etwa 50 Minuten backen.

Walnuss - Möhren - Gugelhupf

Zutaten Teig:

250 g Möhren
150 g Walnusskerne
250 g Butter
200 g Zucker
1 Prise Salz
1 Päckchen Vanillezucker
4 Eier
350 g Mehl
1 Päckchen Backpulver
100 ml Milch
300 g weiße Schokolade (Kuvertüre)

Zubereitung:

- Möhren schälen und fein raspeln.
- Walnüsse grob hacken.
- Butter, Zucker, Salz und Vanillezucker cremig rühren.
- Eier nacheinander unterrühren.
- Mehl und Backpulver mischen.
- Mischung mit der Milch unterrühren.
- Möhren und Walnüsse unter den Teig heben.
- Gugelhupfform einfetten.
- Mit etwas Mehl bestäuben.
- Teig in die Form füllen und glatt streichen.
- Bei 175° C etwa 50 Minuten backen.
- In der Form auskühlen lassen.
- Die Schokolade grob hacken.
- Über warmen Wasserbad schmelzen.
- Kuchen aus der Form lösen.
- Mit dem Schokoladenguss überziehen.
- Kuchen ganz abkühlen lassen.